Impressum
Verlag: BABADADA GmbH, Nedderfeld 112 , 22529 Hamburg
Geschäftsführer / Verlagsleitung: Harald Hof
Druck: Books on Demand GmbH, In de Tarpen 42, 22848 Norderstedt

Imprint
Publisher: BABADADA GmbH, Nedderfeld 112 , 22529 Hamburg, Germany
Managing Director / Publishing direction: Harald Hof
Print: Books on Demand GmbH, In de Tarpen 42, 22848 Norderstedt

el colegio
de School

el aula
de Klassenstuuv

dividir
delen

186/2

el pizarrón
de Tafel

el patio de la escuela
de Schoolhoff

el maestro
de Schoolmeester

el papel
dat Papeer

escribir
schrieven

la birome
de Sticken

el escritorio
de Schrievdisch

la regla
dat Lienholt

el libro
dat Book

el alumno
de Schöler

la mochila

de Ranzel

la caja de lápices

de Feddermapp

el lápiz

de Bleesticken

el sacapuntas

de Scharpmaker

la goma (de borrar)

dat Radeergummi

el bloc de dibujo

de Tekenblock

el dibujo

de Teken

el pincel

de Pinsel

la caja de pinturas

de Malkassen

la tijera

de Scheer

el pegamento

de Klever

el cuaderno de ejercicios

dat Heft to'n Öven

la tarea

de Huusopgaav

el número

de Tall

2+2

sumar

tohooptellen

restar

aftrecken

multiplicar

malnehmen

calcular

reken

la letra

de Bookstaav

el abecedario

dat ABC

la palabra

dat Woort

el texto

de Text

leer

lesen

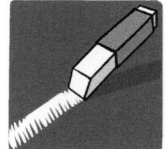

la tiza

de Kried

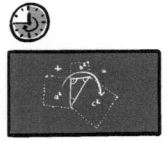

la lección

de Stunn

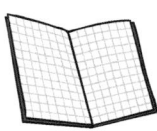

el cuaderno de clase

dat Klassenbook

el examen

de Pröven

el certificado

dat Tüügnis

el uniforme escolar

de Schooluniform

la educación

de Utbillen

la enciclopedia

dat Nakieksel

la universidad

de Universität

el microscopio

dat Mikroskop

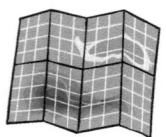

el mapa

de Koort

el tacho (de basura)

de Papeerkorf

el viaje
de Törn

el hotel
dat Hotel
Grand
el hostel
de Harbarg
ROOMS
la casa de cambio
de Wesselstuuv
la valija
de Kuffer
el auto
dat Auto

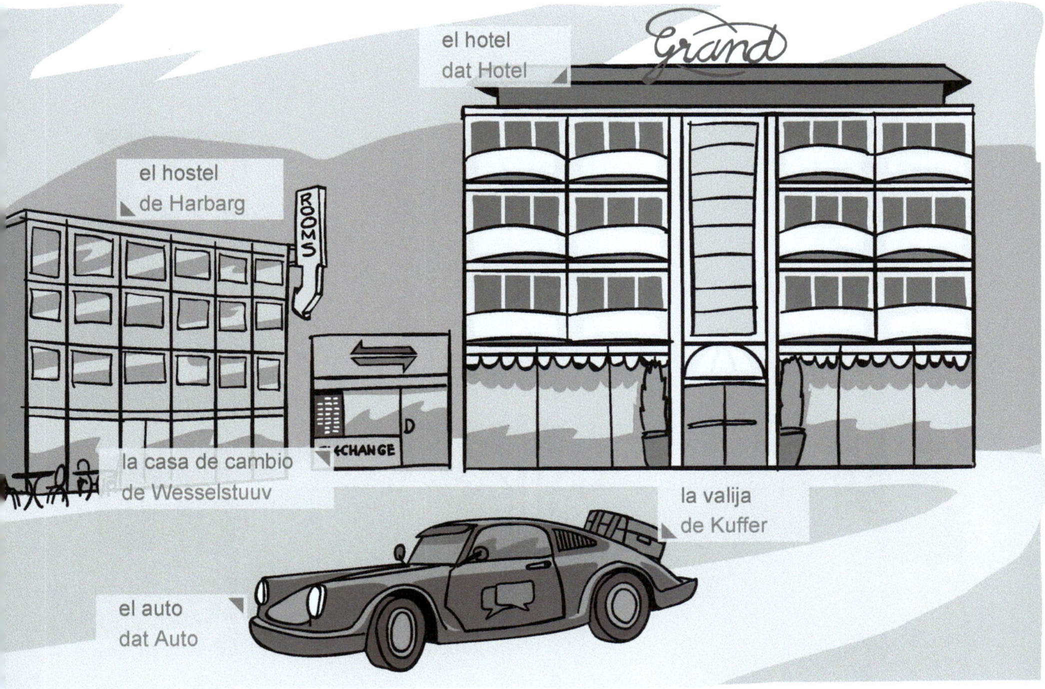

el idioma
de Spraak

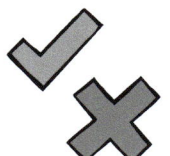

sí / no
jo / ne

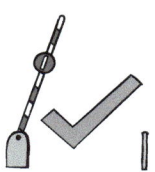

Está bien
Jo

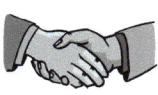

hola
Moin

el traductor
de Översetter

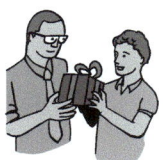

Gracias
Dank ok

¿cuánto cuesta…?

Wat kost…?

No entiendo

Ik verstah nich

el problema

dat Problem

¡Buenas tardes!

Goden Avend

¡Buenos días!

Moin!

¡Buenas noches!

Gode Nacht!

el adiós

Tschüüs

la dirección

de Richt

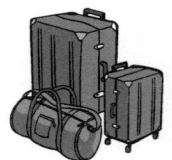

el equipaje

de Bagaasch

el bolso

de Tasch

la mochila

de Rüchsack

el invitado

de Gast

la habitación

de Stuuv

la bolsa de dormir

de Slaapsack

la carpa

dat Telt

la información turística

Touristeninformatschoon

la playa

de Strand

la tarjeta de crédito

de Kreditkoort

el desayuno

dat Fröhstück

el almuerzo

dat Meddageten

la cena

dat Avendeten

el pasaje

de Fohrkort

el ascensor

de Fohrstohl

el sello

de Breefmark

la frontera

de Grenz

la aduana

de Toll

la embajada

de Bottschop

la visa

dat Visum

el pasaporte

de Pass

el transporte
de Transport

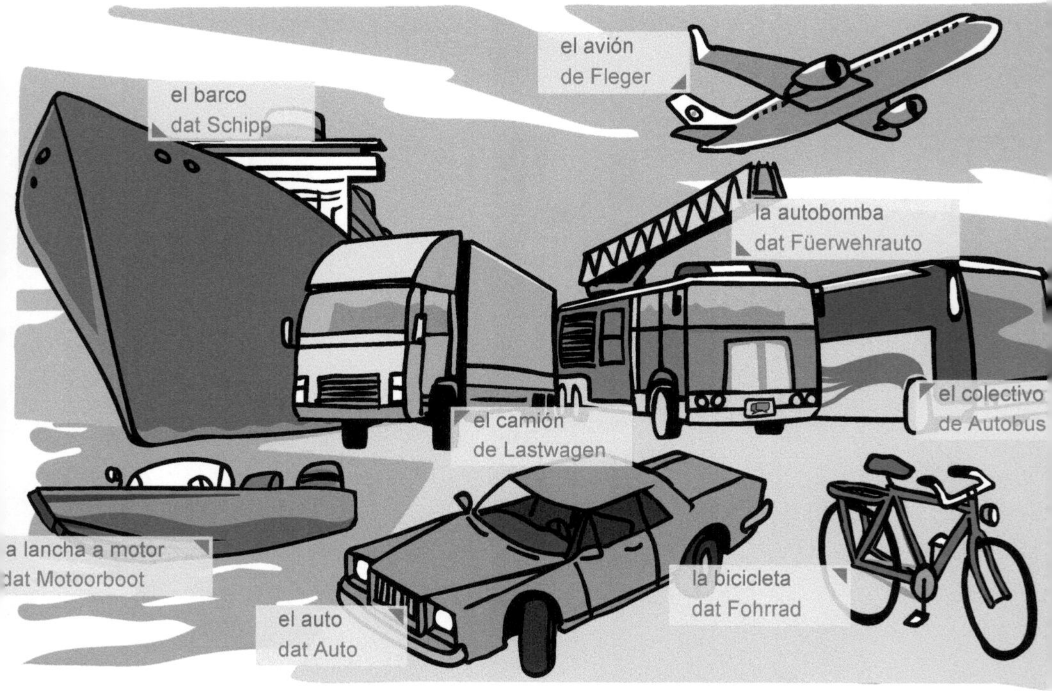

el avión
de Fleger
el barco
dat Schipp
la autobomba
dat Füerwehrauto
el colectivo
de Autobus
el camión
de Lastwagen
a lancha a motor
dat Motoorboot
la bicicleta
dat Fohrrad
el auto
dat Auto

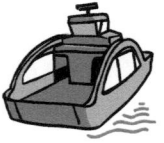

el ferry

de Fähr

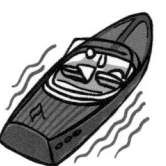

el bote

dat Boot

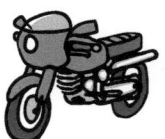

la moto

dat Motoorrad

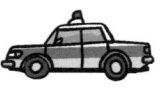

el patrullero

dat Polizeiauto

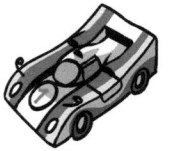

el auto de carreras

dat Rönnauto

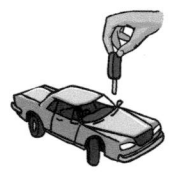

el auto de alquiler

de Lehnwagen

el alquiler de autos

dat Carsharing

la grúa

de Afsleepwagen

el camión de la basura

dat Müllauto

el motor

de Motoor

la nafta

de Kraftstoff

la estación de servicio

de Tanksteed

la señal de tránsito

dat Verkehrsschild

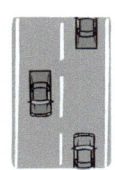

el tránsito

de Verkehr

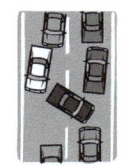

el embotellamiento

de Stau

el estacionamiento

de Afstellplatz

la estación de tren

de Bahnhoff

las vías

de Sporen

el tren

de Tog

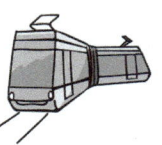

el tranvía

de Stratenbahn

el vagón

de Wagon

el helicóptero

de Dwarsmöhl

el aeropuerto

de Flooghaven

la torre

de Tower

el pasajero

de Fohrgast

el contenedor

de Grootkist

la caja de cartón

de Karton

la carretilla

de Koor

la canasta

de Korf

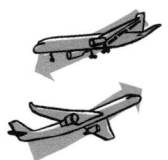

despegar / aterrizar

starten / lannen

la ciudad
de Stadt

el pueblo

dat Dörp

el centro de la ciudad

de Binnenstadt

la casa

dat Huus

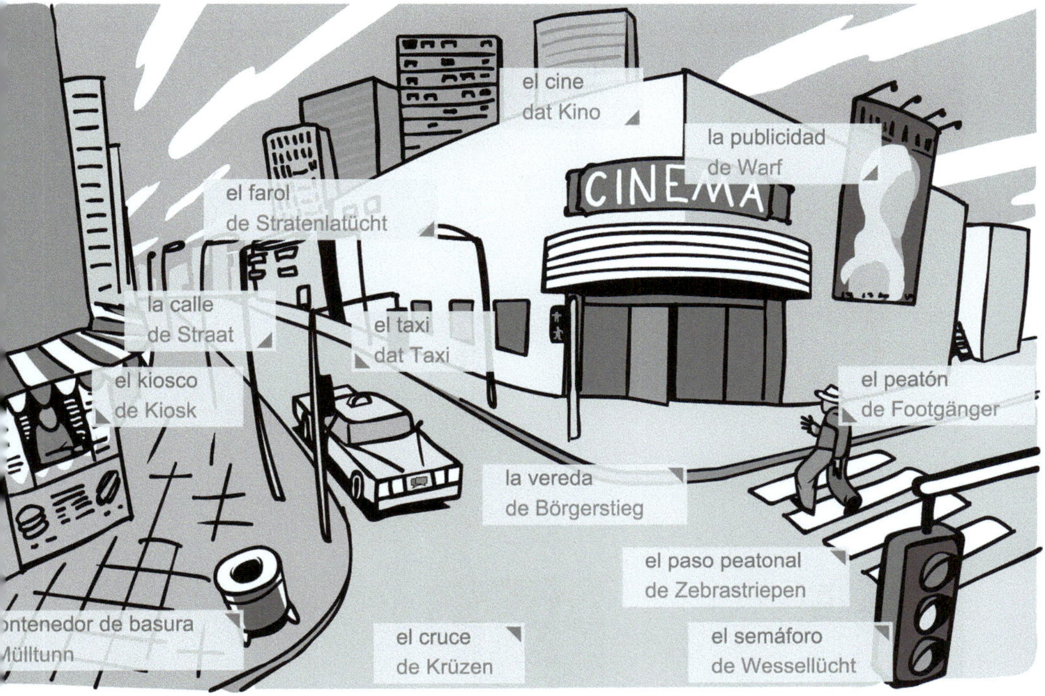

el cine
dat Kino

la publicidad
de Warf

el farol
de Stratenlatücht

la calle
de Straat

el taxi
dat Taxi

el kiosco
de Kiosk

el peatón
de Footgänger

la vereda
de Börgerstieg

el paso peatonal
de Zebrastriepen

ontenedor de basura
Mülltunn

el cruce
de Krüzen

el semáforo
de Wessellücht

la cabaña
de Hütt

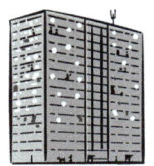

el departamento
de Wahnung

la estación de tren
de Bahnhoff

la municipalidad
dat Raathuus

el museo
dat Museum

el colegio
de School

la universidad

de Universität

el banco

de Bank

el hospital

dat Krankenhuus

el hotel

dat Hotel

la farmacia

de Afteek

la oficina

dat Büro

la librería

de Bookhökerie

el negocio

de Hökerie

la florería

de Blomenhökerie

el supermercado

de Supermarkt

el mercado

de Markt

las grandes tiendas

dat Koophuus

la pescadería

de Fischhökerie

el centro comercial

dat Inkoopszentrum

el puerto

de Haven

el parque

de Parkanlaag

el banco

de Bank

el puente

de Brüch

las escaleras

de Trepp

el subte

de Ünnergrundbahn

el túnel

de Tunnel

la parada del colectivo

de Busstoppsteed

el bar

de Bar

el restaurante

dat Spieslokal

el buzón

de Breefkassen

el letrero

dat Stratenschild

el parquímetro

de Parkklock

el zoológico

de Deertenpark

la pileta

de Baadanstalt

la mezquita

de Moschee

la granja
de Buernhoff

la contaminación
de Ümweltversmudden

el cementerio
de Karkhoff

la iglesia
de Kark

los juegos infantiles
de Speelplatz

el templo
de Tempel

el paisaje
de Landschop

la hoja
dat Blatt

el poste indicador
de Wiespahl

el camino
de Weg

la pradera
de Wisch

la piedra
de Steen

el excursionista
de Wannerer

el árbol
de Boom

el río
de Fluss

la hierba
dat Gras

la flor
de Bloom

el valle

dat Daal

la montaña

de Barg

el lago

de See

el bosque

dat Holt

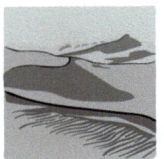

el desierto

de Wööst

el volcán

de Füerspien Barg

el castillo

dat Slott

el arco iris

de Regenbagen

el champiñón

de Poggenstohl

la palmera

de Palm

el mosquito

de Steekmück

la mosca

de Fleeg

la hormiga

de Miegeemk

la abeja

de Imm

la araña

de Spinn

el paisaje - de Landschop

el escarabajo

de Sebber

la rana

de Pogg

la ardilla

de Katteker

el erizo

de Swienegel

la liebre

de Haas

la lechuza

de Uul

el pájaro

de Vagel

el cisne

de Swaan

el jabalí

dat Wildswien

el ciervo

de Hirsch

el alce

de Elk

la presa

de Staudamm

el aerogenerador

dat Windrad

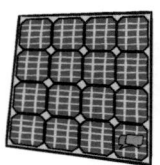

el panel solar

dat Solarmodul

el clima

dat Klima

el restaurante
dat Spieslokal

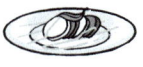

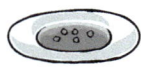

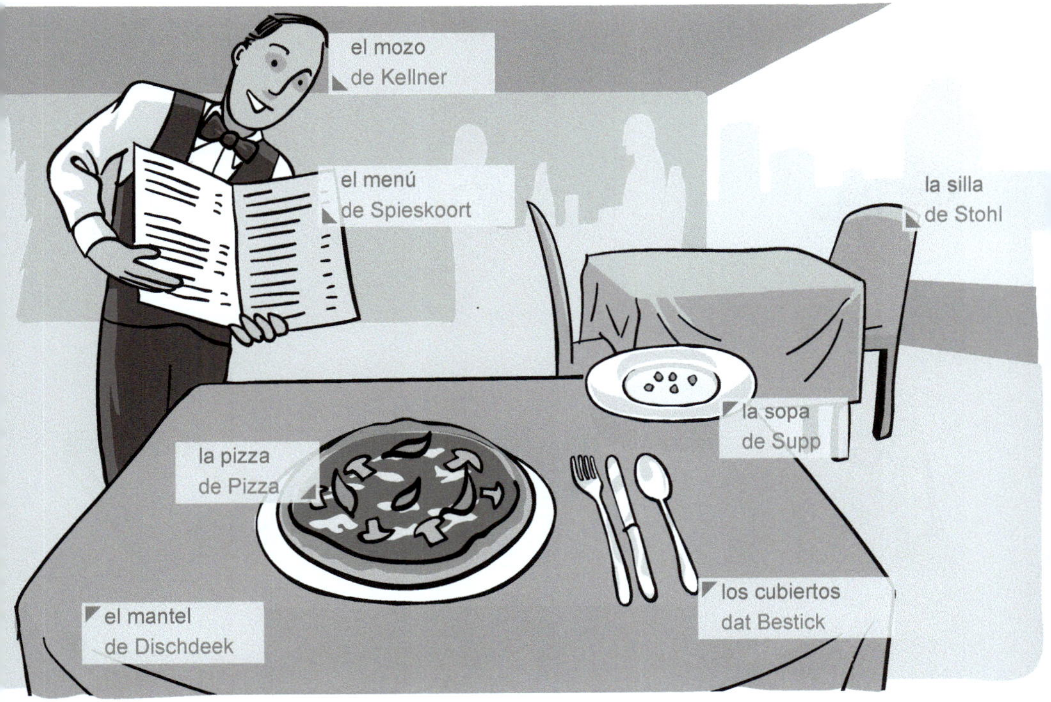

el mozo
de Kellner
el menú
de Spieskoort
la silla
de Stohl
la sopa
de Supp
la pizza
de Pizza
los cubiertos
dat Bestick
el mantel
de Dischdeek

la entrada

de Vörspies

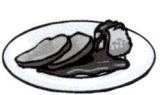

el plato principal

dat Haupteten

el postre

de Nadisch

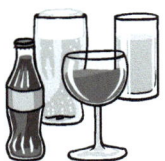

las bebidas

de Drünk

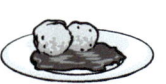

la comida

dat Eten

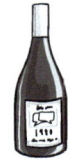

la botella

de Buddel

la comida rápida

dat Fastfood

la comida callejera

dat Strateneten

la tetera

de Teekann

la azucarera

de Zuckerdoos

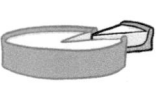

la porción

de Portschoon

la cafetera expreso

de Espressomaschien

la sillita alta

de Hoochstohl

la cuenta

de Reken

la bandeja

dat Tablett

el cuchillo

dat Mess

el tenedor

de Gavel

la cuchara

de Lepel

la cucharita

de Teelepel

la servilleta

dat Munddook

el vaso

dat Glas

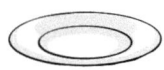

el plato

de Töller

el plato hondo

de Suppentöller

el plato

de Ünnertass

la salsa

de Sooß

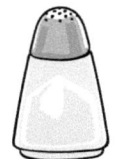

el salero

de Soltstreuer

el molinillo de pimienta

de Pepermöhl

el vinagre

de Etig

el aceite

dat Ööl

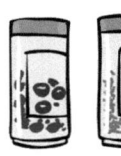

las especias

de Krüder

el kétchup

de Ketchup

la mostaza

de Mostrich

la mayonesa

de Mayonnaise

el supermercado
de Supermarkt

la oferta especial
dat Anbott
FOR
el cliente
de Kunn
los lácteos
de Melkprodukten
la fruta
dat Aaft
el changuito
de Inkoopswagen

BUTCHERS

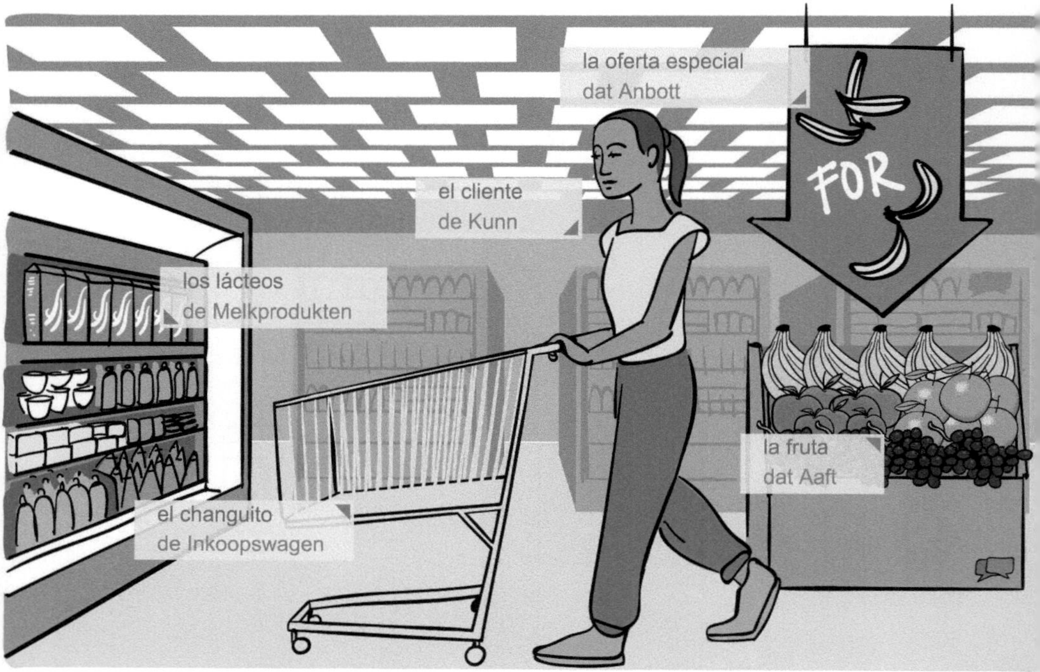

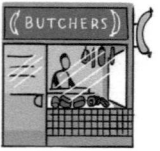

la carnicería

de Slachterie

BAKERY

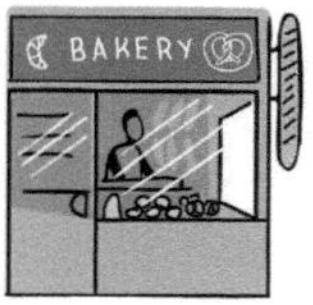

la panadería

de Bäckerie

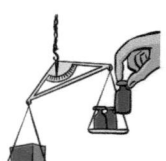

pesar

wegen

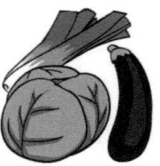

las verduras

de Gröönsaken

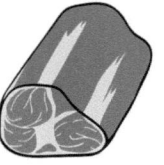

la carne

dat Fleesch

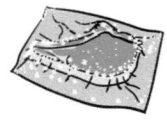

los alimentos congelados

de Deepköhlkost

los fiambres

de Opsnitt

los alimentos enlatados

de Konserven

el detergente en polvo

de Waschmiddel

las golosinas

de Snoopkraam

los electrodomésticos

de Huushooltssaken

los productos de limpieza

de Reinmaaktüüch

la vendedora

de Verköpersche

la caja

de Kass

el cajero

de Kasserer

la lista de compras

de Inkoopslist

el horario de atención

de Opsparrtieden

la billetera

de Breeftasch

la tarjeta de crédito

de Kreditkoort

la cartera

de Tasch

la bolsa de plástico

de Plastiktüüt

el agua

dat Water

el jugo

de Saft

la leche

de Melk

la bebida cola

de Cola

el vino

de Wien

la cerveza

dat Beer

el alcohol

de Spriet

el cacao

de Kakao

el té

de Tee

el café

de Koffie

el café expreso

de Espresso

el cappuccino

de Cappucino

la banana

de Banaan

la manzana

de Appel

la naranja

de Appelsien

el melón

de Meloon

el limón

de Zitroon

la zanahoria

de Wöttel

el ajo

de Knuuvlook

el bambú

de Bambus

la cebolla

de Zibbel

el champiñón

de Poggenstohl

las nueces

de Nööt

los fideos

de Nudeln

los tallarines

de Spaghetti

el arroz

de Ries

la ensalada

de Salat

las papas fritas

de Pommes frites

las papas fritas

de Braadkantüffeln

la pizza

de Pizza

la hamburguesa

de Hamborger

el sándwich

dat Sandwich

el churrasco

dat Snitzel

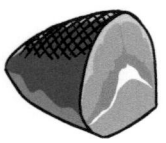

el jamón

de Schinken

el salame

de Salami

la salchicha

de Wust

el pollo

dat Hohn

el asado

de Braden

el pescado

de Fisch

los copos de avena

de Haverflocken

el muesli

dat Müsli

los copos de maíz

de Cornflakes

la harina

dat Mehl

la medialuna

de Croissant

el pancito

dat Rundstück

el pan

dat Broot

la tostada

dat Toast

las galletitas

de Keksen

la manteca

de Botter

la cuajada

de Quark

la torta

de Koken

el huevo

dat Ei

el huevo frito

dat Spegelei

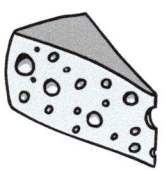

el queso

de Kees

el helado

de Ies

el azúcar

de Zucker

la miel

de Honnig

la mermelada

de Marmelaad

la pasta de chocolate

de Nougat-Creme

el curry

dat Curry

la granja
de Buernhoff

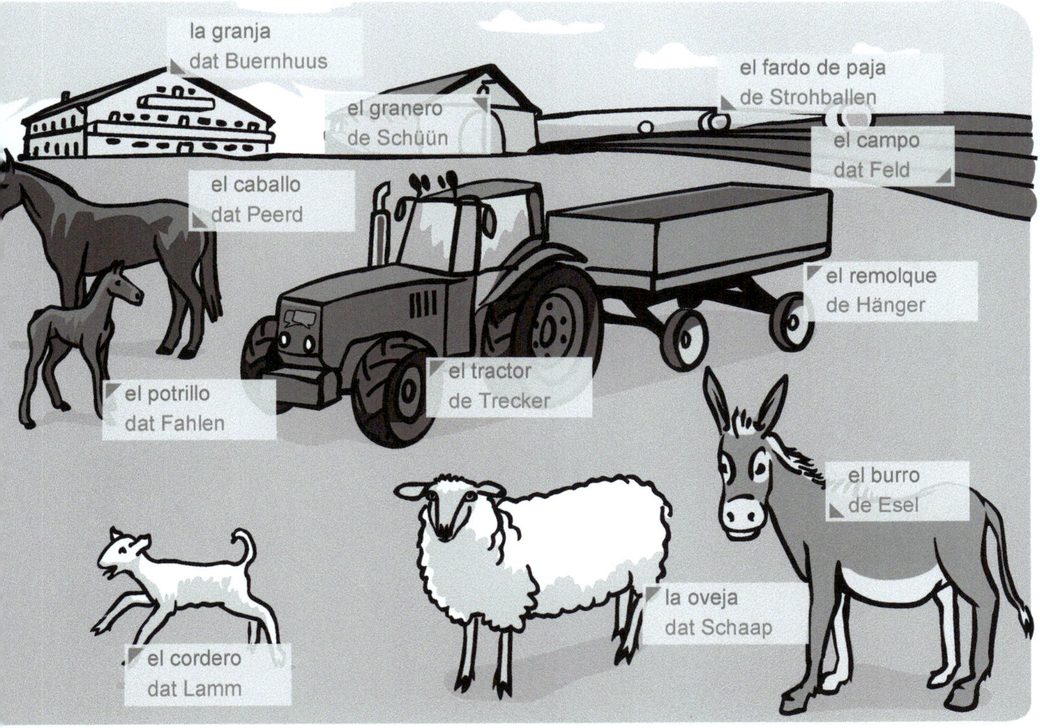
la granja
dat Buernhuus
el granero
de Schüün
el fardo de paja
de Strohballen
el campo
dat Feld
el caballo
dat Peerd
el remolque
de Hänger
el tractor
de Trecker
el potrillo
dat Fahlen
el burro
de Esel
la oveja
dat Schaap
el cordero
dat Lamm

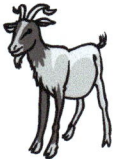

la cabra

de Zeeg

la vaca

de Koh

el ternero

dat Kalf

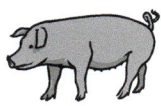

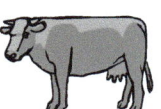

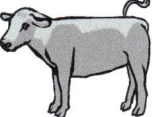

el cerdo

dat Swien

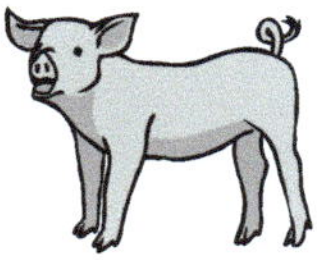

el lechón

dat Farken

el toro

de Bull

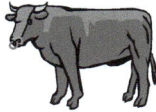

el ganso

de Goos

el pato

de Aant

el pollo

dat Küken

la gallina

dat Hohn

el gallo

de Hahn

la rata

de Rott

el gato

de Katt

el ratón

de Muus

el buey

de Oss

el perro

de Hund

la cucha

de Hunnenhütt

la manguera

de Goornslauch

la regadera

de Geetkann

la guadaña

de Lee

el arado

de Ploog

la hoz

de Sich

la azada

de Hack

la horquilla

de Mestfork

el hacha

de Ext

la carretilla

de Schuufkoor

el abrevadero

de Trog

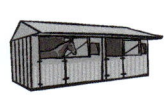

la lechera

de Melkkann

la bolsa

de Sack

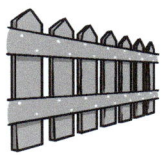

la reja

de Tuun

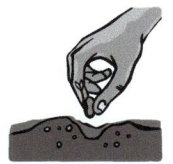

el establo

de Stall

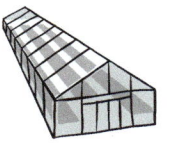

el invernadero

dat Drievhuus

el suelo

de Bodden

la semilla

de Saat

el fertilizador

de Dünger

la cosechadora

de Meihdöscher

cosechar

oornen

la cosecha

de Oorn

las batatas

de Yamswöttel

el trigo

de Weten

la soja

dat Soja

la papa

de Kantüffel

el maíz

de Törksche Weten

la semilla de colza

de Rapp

el árbol frutal

de Aaftboom

la mandioca

de Troopsch Kantüffel

los cereales

dat Koorn

la casa
dat Huus

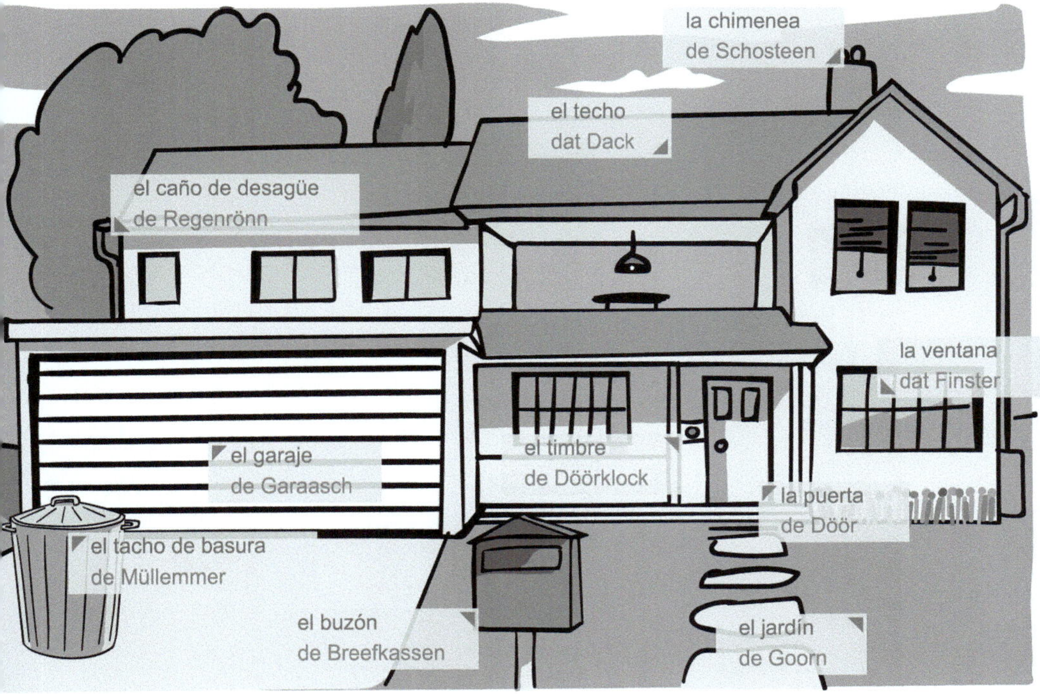

la chimenea
de Schosteen
el techo
dat Dack
el caño de desagüe
de Regenrönn
la ventana
dat Finster
el timbre
de Döörklock
el garaje
de Garaasch
la puerta
de Döör
el tacho de basura
de Müllemmer
el buzón
de Breefkassen
el jardín
de Goorn

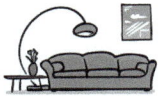

el living
de Wahnstuuv

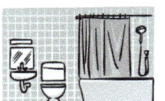

el baño
de Baadstuuv

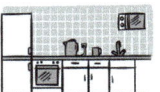

la cocina
de Köök

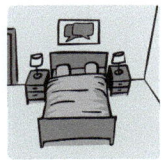

el dormitorio
de Slaapstuuv

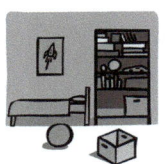

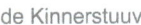

el cuarto de los chicos
de Kinnerstuuv

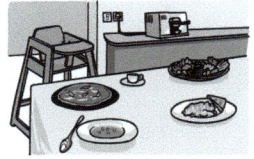

el comedor
de Eetstuuv

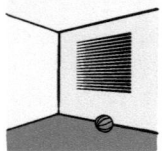

el piso

de Footbodden

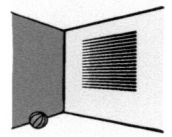

la pared

de Wand

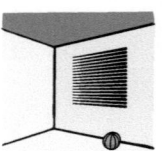

el cielorraso

de Deek

el sótano

de Keller

el sauna

dat Hittluftbad

el balcón

de Balkon

la terraza

de Terrass

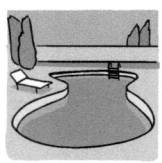

la pileta

dat Swümmbad

la cortadora de pasto

de Rasenmeiher

la sábana

de Bettbetog

el acolchado

de Bettdeek

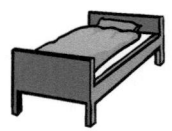

la cama

de Puuch

la escoba

de Bessen

el balde

de Emmer

el interruptor

de Schalter

el living

de Wahnstuuv

el empapelado
de Tapeet
la imagen
dat Bild
la lámpara
de Lamp
el estante
dat Regal
el armario
dat Schapp
la televisión
de Kiekkassen
la chimenea
de Kamin
la flor
de Bloom
el almohadón
dat Küssen
el sofá
dat Sofa
el florero
de Vaas
el control remoto
de Feernbedenen

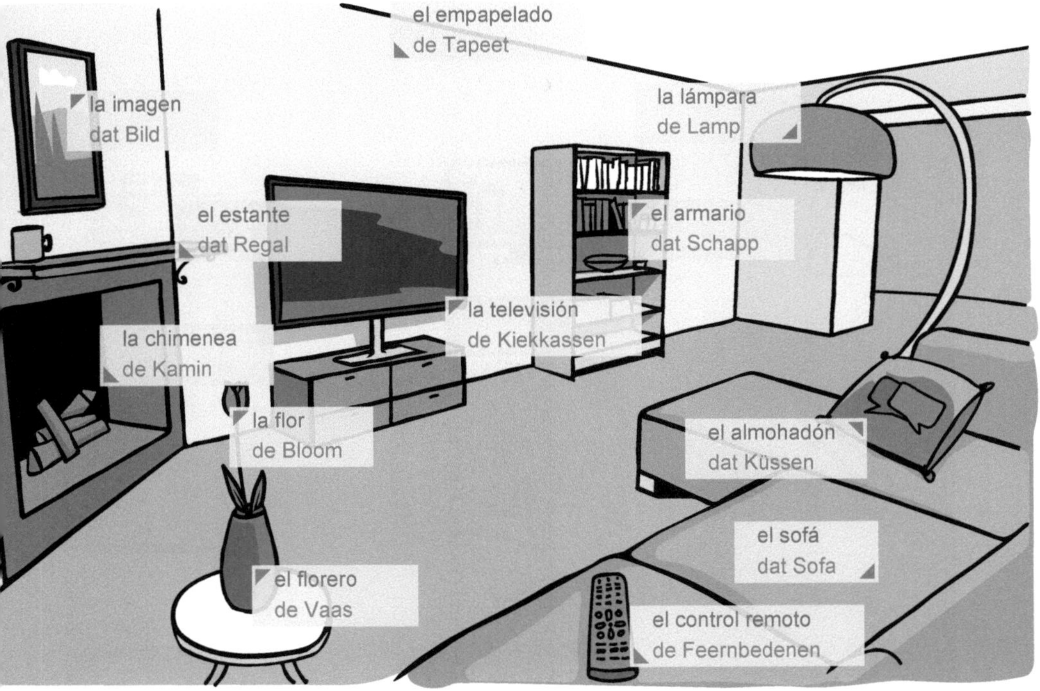

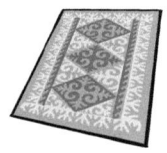

la alfombra
de Teppich

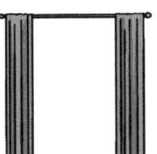

la cortina
de Vörhang

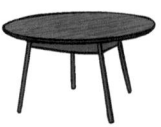

la mesa
de Disch

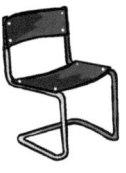

la silla
de Stohl

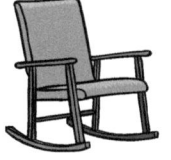

la mecedora
de Schuckelstohl

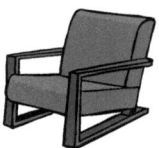

el sillón
de Sessel

el libro

dat Book

la frazada

de Deek

la decoración

de Dekoratschoon

la leña

dat Füerholt

la película

de Film

el equipo de música

de Stereoanlaag

la llave

de Slötel

el diario

dat Narichtenblatt

la pintura

dat Gemälde

el póster

dat Poster

la radio

dat Radio

el cuaderno

de Opschrievblock

la aspiradora

de Huulbessen

el cactus

de Kaktus

la vela

de Kars

la cocina
de Köök

la heladera
dat Köhlschapp
el microondas
de Mikrowell
la balanza de cocina
de Kökenwaag
la tostadora
de Toaster
el detergente
dat Reinmaakmiddel
el horno
de Backaven
el freezer
dat Gefreerfack
el tacho de basura
de Müllemmer
el lavaplatos
de Opwaschmaschien

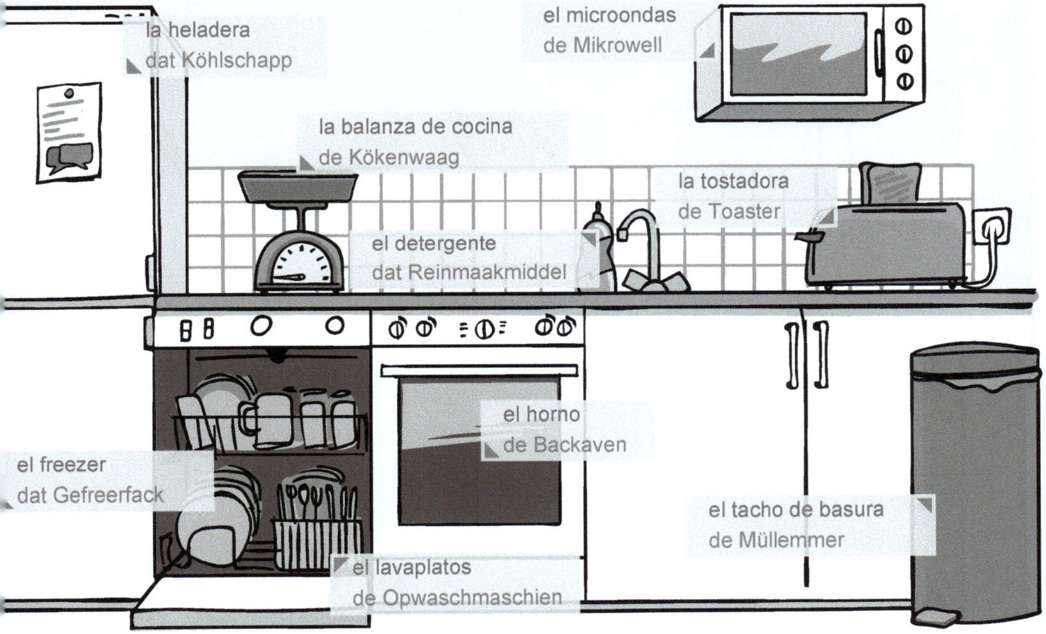

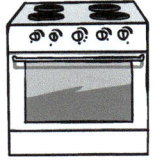

la cocina
....
de Heerd

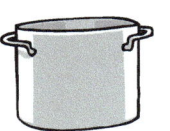

la olla
....
de Pott

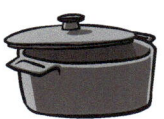

la olla de hierro fundido
....
de Gussiesern Putt

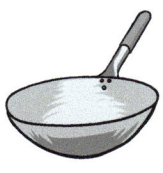

el wok
....
de Wok / Kadai

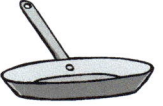

la sartén
....
de Pann

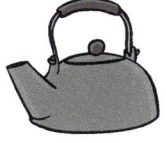

la pava
....
de Waterkaker

la vaporera

de Dampkaakputt

la bandeja de horno

dat Backblick

la vajilla

dat Geschirr

la taza

de Beker

el bol

de Schaal

los palitos

de Eetsticken

el cucharón

de Suppenkell

la espátula

de Pannenwenner

la batidora

de Sneebessen

el colador

dat Kaakseef

el colador

dat Seef

el rallador

de Riev

el mortero

de Mörser

la parrilla

de Grill

la fogata

de Füerstell

la tabla de picar

dat Sniedbrett

el palo de amasar

dat Nudelholt

el sacacorchos

de Proppentrecker

la lata

de Doos

el abrelatas

de Dosenaapner

la manopla

de Pottlappen

la pileta

dat Waschbecken

el cepillo

de Böst

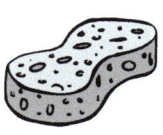

la esponja

de Swamm

la batidora

de Mixer

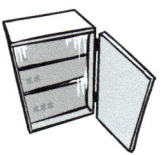

el congelador

dat lesschapp

la mamadera

de Nuckelbuddel

la canilla

de Waterhahn

el baño

de Baadstuuv

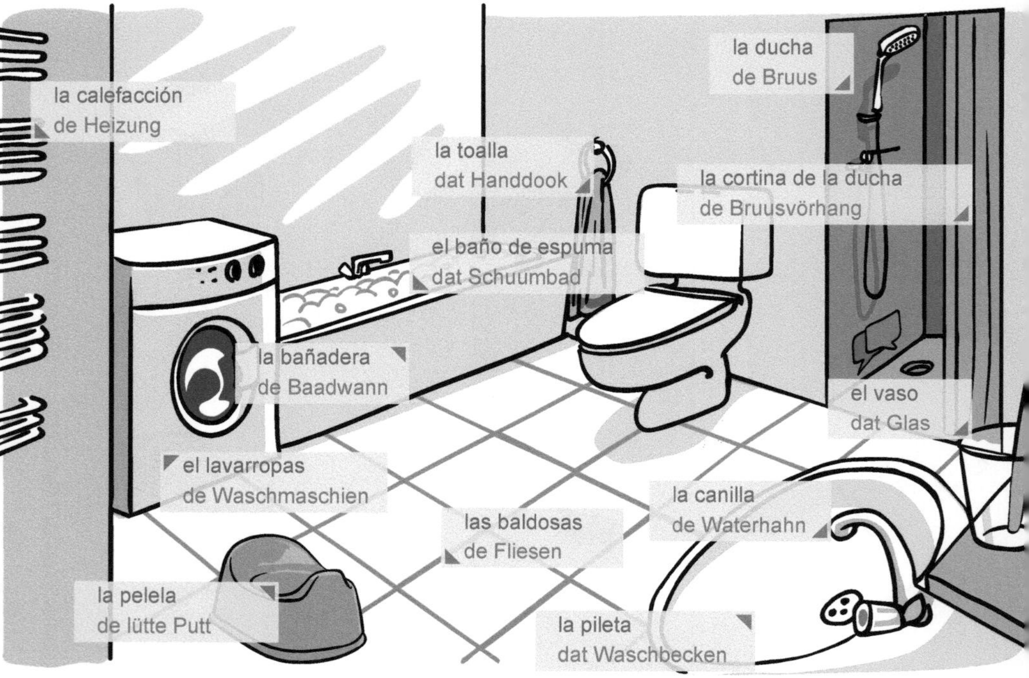

la calefacción
de Heizung
la ducha
de Bruus
la toalla
dat Handdook
la cortina de la ducha
de Bruusvörhang
el baño de espuma
dat Schuumbad
la bañadera
de Baadwann
el vaso
dat Glas
el lavarropas
de Waschmaschien
las baldosas
de Fliesen
la canilla
de Waterhahn
la pelela
de lütte Putt
la pileta
dat Waschbecken

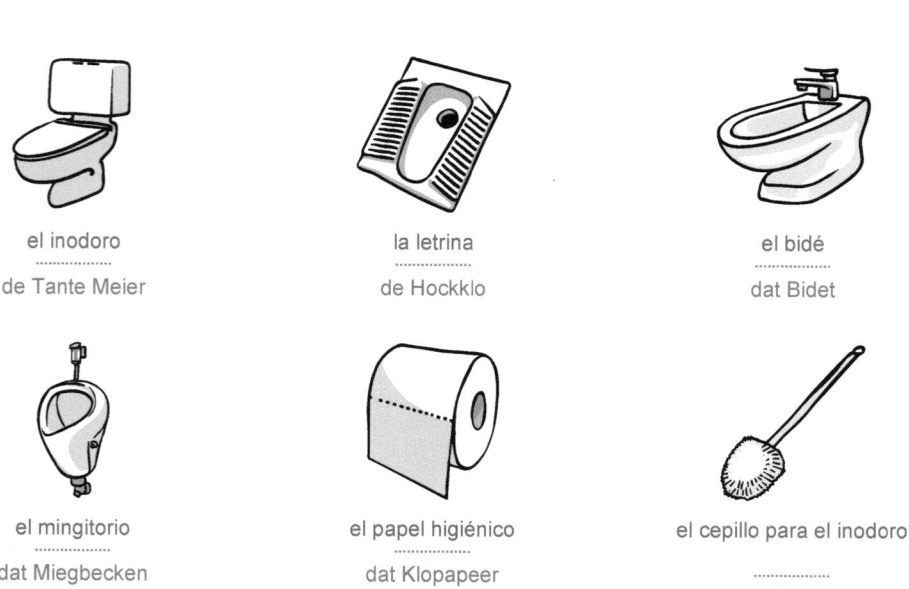

el inodoro

de Tante Meier

la letrina

de Hockklo

el bidé

dat Bidet

el mingitorio

dat Miegbecken

el papel higiénico

dat Klopapeer

el cepillo para el inodoro

de Kloböst

el cepillo de dientes

de Tähnböst

el dentífrico

de Tähnpast

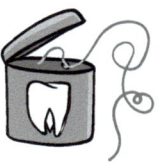

el hilo dental

de Tähnsied

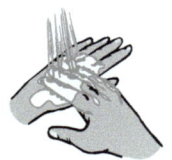

lavar

waschen

la ducha de mano

de Handbruus

la ducha higiénica

de Intimbruus

la palangana

de Waschschöttel

el cepillo para la espalda

de Rüchböst

el jabón

de Seep

el gel de ducha

dat Bruusgeel

el shampoo

dat Hoorwaschmiddel

la toallita

de Waschlappen

el desagüe

de Afloop

la crema

de Creme

el desodorante

dat Deodorant

el espejo

de Spegel

el espejito

de Kosmetikspegel

la maquinita de afeitar

de Raserer

la espuma de afeitar

de Raseerschuum

el aftershave

dat Raseerwater

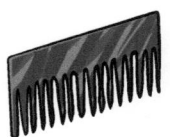

el peine

de Kamm

el cepillo

de Böst

el secador de pelo

de Hoordröger

el spray

dat Hoorspray

el maquillaje

de Smink

el lápiz de labios

de Lippensticken

el esmalte para uñas

de Nagellack

el algodón

de Watt

la tijera para uñas

de Nagelscheer

el perfume

dat Rüükwater

el portacosméticos

de Kulturbüdel

la banqueta

de Schemel

la balanza

de Waag

la bata

de Baadmantel

los guantes de goma

de Gummihanschen

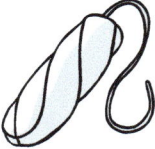

el tampón

de Tampon

la toallita femenina

de Damenbinn

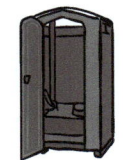

el baño químico

dat Chemieklo

el cuarto de los chicos
de Kinnerstuuv

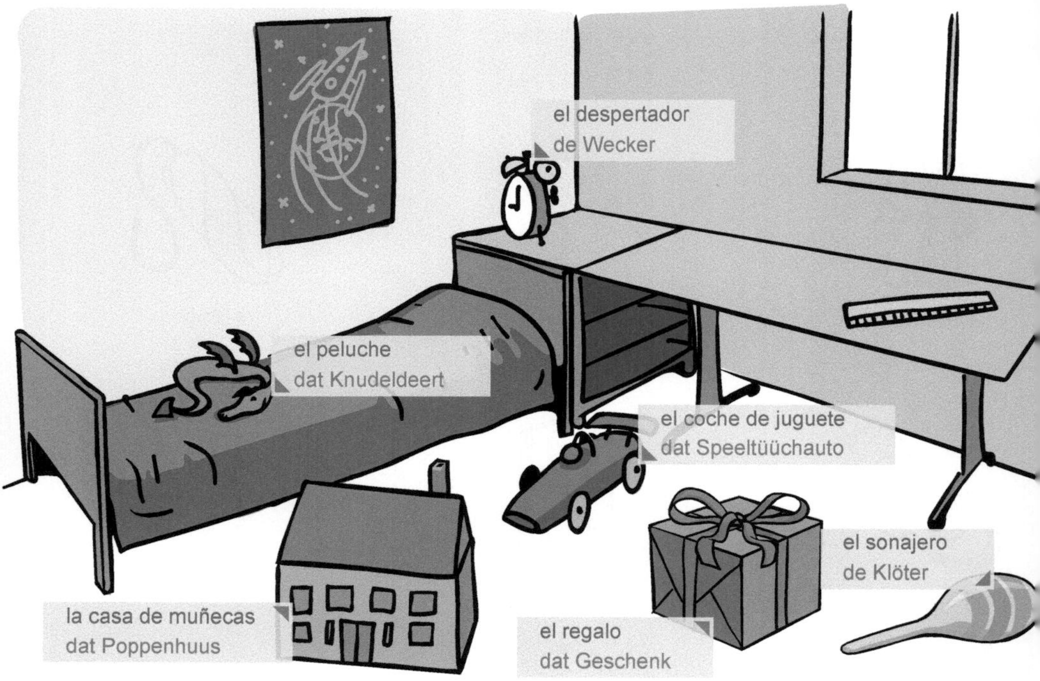
el despertador
de Wecker
el peluche
dat Knudeldeert
el coche de juguete
dat Speeltüüchauto
el sonajero
de Klöter
la casa de muñecas
dat Poppenhuus
el regalo
dat Geschenk

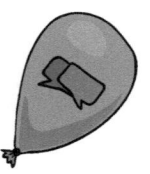

el globo
de Luftballon

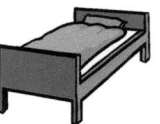

la cama
de Puuch

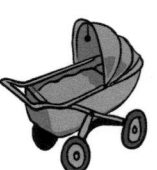

el cochecito
de Kinnerwagen

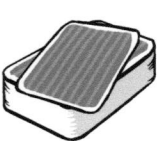

las cartas
dat Koortenspeel

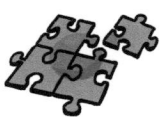

el rompecabezas
dat Puzzle

SUPER
MEGA
la historieta
de Billergeschicht

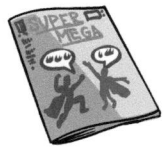

las piezas de lego

de Legostenen

los ladrillos de juguete

de Bustenen

la figura de acción

de Action-Figur

el enterito (de bebé)

de Strampelantog

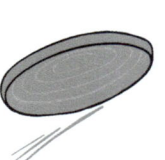

el frisbee

de Frisbeeschiev

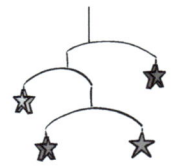

el móvil para bebés

dat Mobile

el juego de mesa

dat Brettspeel

los dados

de Wörpel

el tren eléctrico

de Modelliesenbahn

el chupete

de Snuller

la fiesta

de Party

el libro de cuentos ilustrado

dat Billerbook

la pelota

de Ball

la muñeca

de Popp

jugar

spelen

el arenero

de Sandkassen

la hamaca

de Schuckel

los juguetes

dat Speeltüüch

la consola de videojuegos

de Speelkonsool

el triciclo

dat Dreerad

el osito de peluche

de Teddyboor

el armario

dat Klederschapp

la ropa

dat Tüüch

las medias

de Socken

las medias panty

de Strümp

las calzas

de Strumpbüx

la bufanda
dat Halsdook

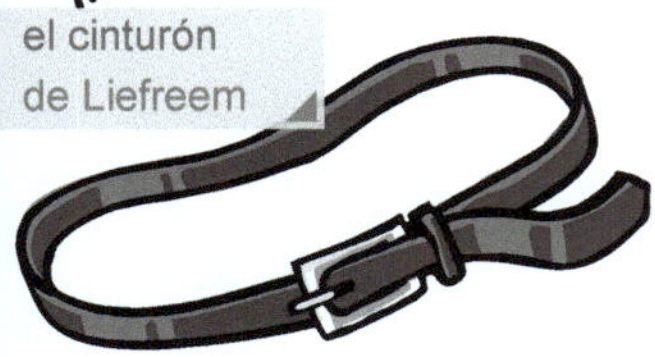

el cinturón
de Liefreem

el paraguas
de Paraplü

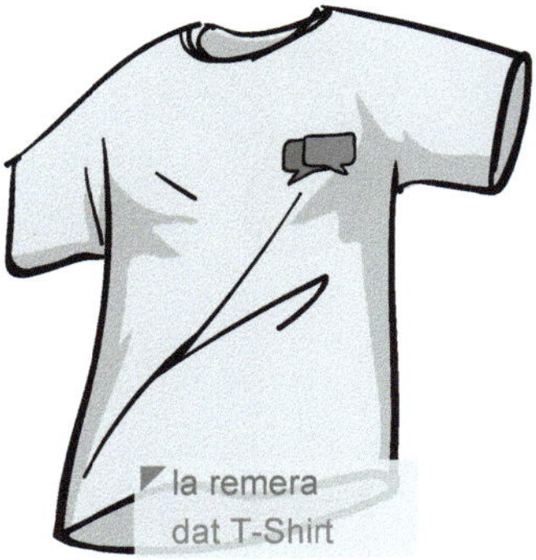

la remera
dat T-Shirt

las botas
de Stevel

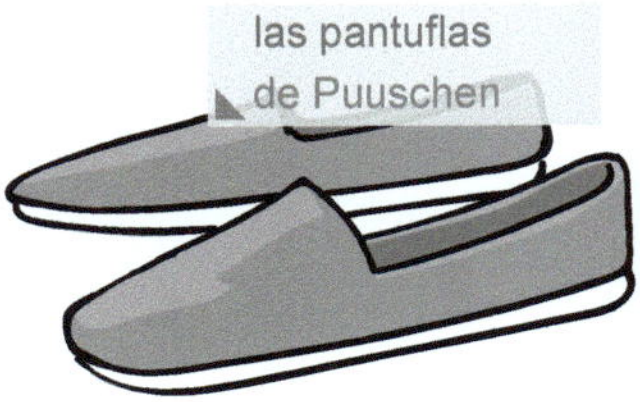

las pantuflas
de Puuschen

las zapatillas
de Turnschoh

las sandalias
de Sandalen

los zapatos
de Schoh

las botas de goma
de Gummistevel

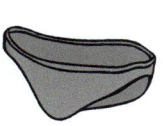
la ropa interior
de Ünnerbüx

el corpiño
de Bostholler

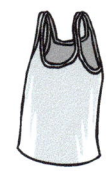
el chaleco
dat Ünnerhemd

la ropa - dat Tüüch

el body
de Lief

los pantalones
de Büx

los jeans
de Jeansnüx

la pollera
de Rock

la blusa
de Bluus

la camisa
dat Hemd

el pulóver
de Pullover

el buzo
de Kapuzenpullover

el blazer
de Blazer

la campera
de Jack

el tapado
de Mantel

el piloto
de Övertrecker

el traje
dat Kostüm

el vestido
dat Kleed

el vestido de novia
dat Hochtietskleed

el traje

de Antog

el camisón

dat Nachtkleed

el pijama

de Slaapantog

el sari

de Sari

el pañuelo para la cabeza

dat Koppdook

el turbante

de Turban

la burka

de Burka

el caftán

de Kaftan

la abaya

de Abaya

el traje de baño

de Baadantog

el short de baño

de Baadbüx

los shorts

de Korte Büx

el jogging

de Antog to'n Öven

el delantal

de Schört

los guantes

de Handschoh

el botón

de Knopp

los anteojos

de Brill

la pulsera

dat Armband

el collar

de Halskeed

el anillo

de Ring

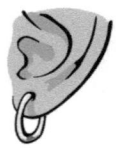

el aro

de Ohrbummel

la gorra

de Mütz

la percha

de Klederbögel

el sombrero

de Hoot

la corbata

de Binner

el cierre

de Rietslüter

el casco

de Helm

los tiradores

dat Drachtband

el uniforme escolar

de Schooluniform

el uniforme

de Uniform

el babero
de Severböten

el chupete
de Snuller

el pañal
de Winnel

la oficina
dat Büro

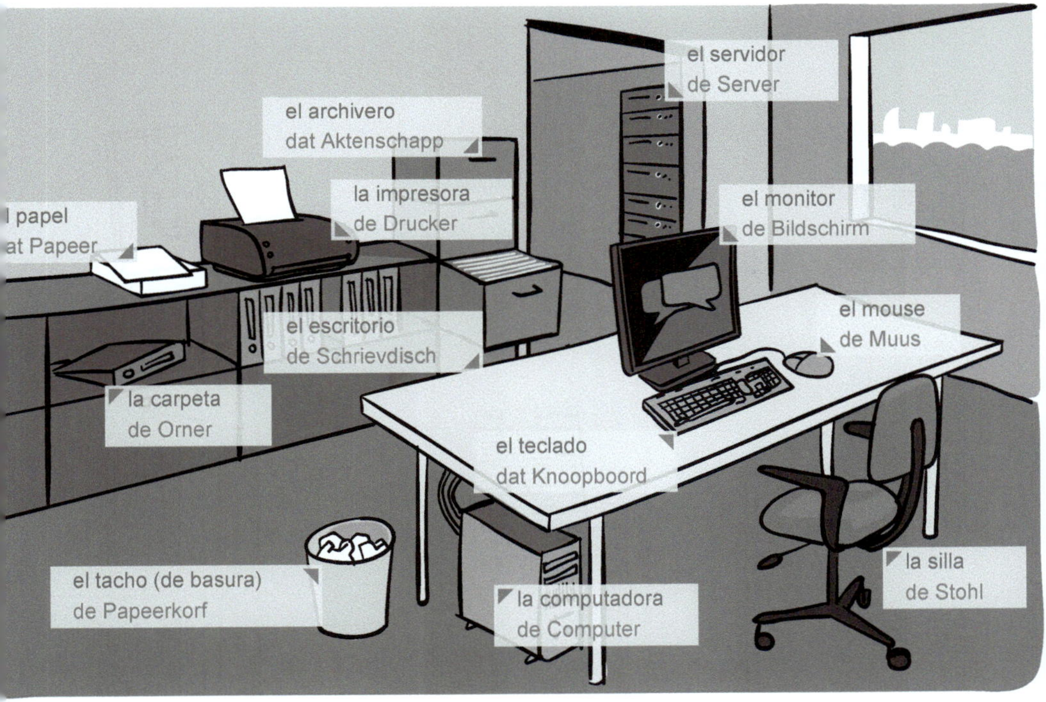

el servidor
de Server

el archivero
dat Aktenschapp

la impresora
de Drucker

el monitor
de Bildschirm

l papel
at Papeer

el mouse
de Muus

el escritorio
de Schrievdisch

la carpeta
de Orner

el teclado
dat Knoopboord

el tacho (de basura)
de Papeerkorf

la silla
de Stohl

la computadora
de Computer

la taza de café
de Koffiebeker

la calculadora
de Taschenreekner

el internet
dat Internet

la laptop
de Klappreekner

la carta
de Breef

el mensaje
de Naricht

el celular
de Ackersnacker

la red
dat Nettwark

la fotocopiadora
de Kopeerapparat

el software
de Software

el teléfono
de Klöönkassen

el tomacorriente
de Steekdoos

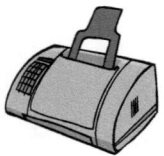

el fax
de Faxapparat

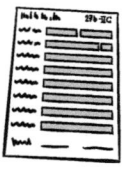

el formulario
dat Formulor

el documento
dat Dokument

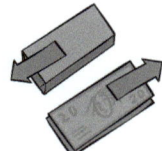

comprar
....
köpen

pagar
....
betahlen

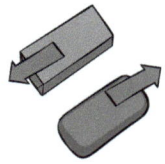

hacer negocios
....
hanneln

el dinero
....
dat Geld

el dólar
....
de Dollar

el euro
....
de Euro

el yen
....
de Yen

el rublo
....
de Ruvel

el franco suizo
....
de Swiezer Franken

el yuan
....
de Renminbi Yuan

la rupia
....
de Rupie

el cajero automático
....
de Geldautomat

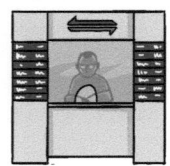

la casa de cambio

de Wesselstuuv

el oro

dat Gold

la plata

dat Sülver

el petróleo

dat Ööl

la energía

de Energie

el precio

de Pries

el contrato

de Verdrag

el impuesto

de Stüer

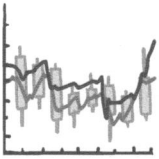

la acción

de Andeelschien

trabajar

arbeiden

el empleado

de Anstellte

el empleador

de Arbeitgever

la fábrica

de Fabrik

el negocio

de Hökerie

las ocupaciones
de Profeschonen

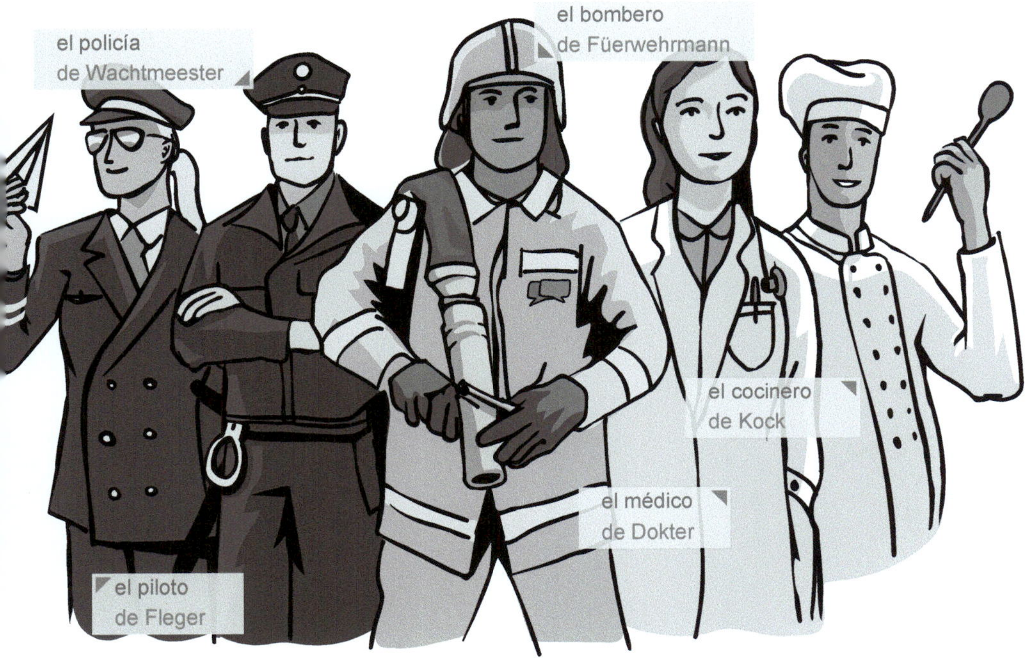

el policía
de Wachtmeester
el bombero
de Füerwehrmann
el cocinero
de Kock
el médico
de Dokter
el piloto
de Fleger

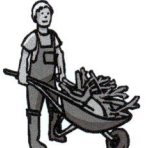

el jardinero

de Goorner

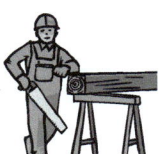

el carpintero

de Discher

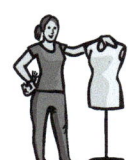

la modista

de Neihersche

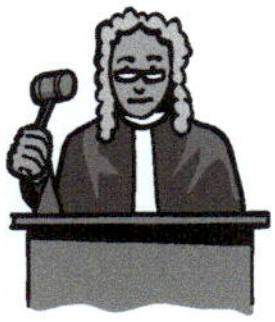

el juez

de Richter

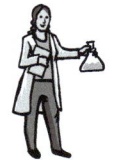

el farmacéutico

de Chemiker

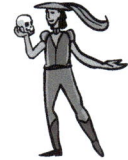

el actor

de Schauspeler

el colectivero

de Busfohrer

el taxista

de Taxifohrer

el pescador

de Fischer

la mucama

de Reinmaakfru

el techista

de Dackdecker

el mozo

de Kellner

el cazador

de Jäger

el pintor

de Maler

el panadero

de Bäcker

el electricista

de Elektriker

el albañil

de Buarbeider

el ingeniero

de Ingenieur

el carnicero

de Slachter

el plomero

de Klempner

el cartero

de Postbüdel

las ocupaciones - de Profeschonen

el soldado

de Suldat

el arquitecto

de Architekt

el cajero

de Kasserer

el florista

de Florist

el peluquero

de Putzbüdel

el cobrador

de Schaffner

el mecánico

de Mechaniker

el capitán

de Kaptein

el dentista

de Tähndokter

el científico

de Wetenschopler

el rabino

de Rabbi

el imán

de Imam

el monje

de Mönk

el sacerdote

de Paap

las herramientas

dat Warktüüch

la tenaza
de Tang
el martillo
de Hamer
el destornillador
de Schruvendreiher
la linterna
de Taschenlan
la llave
de Schruvenslötel

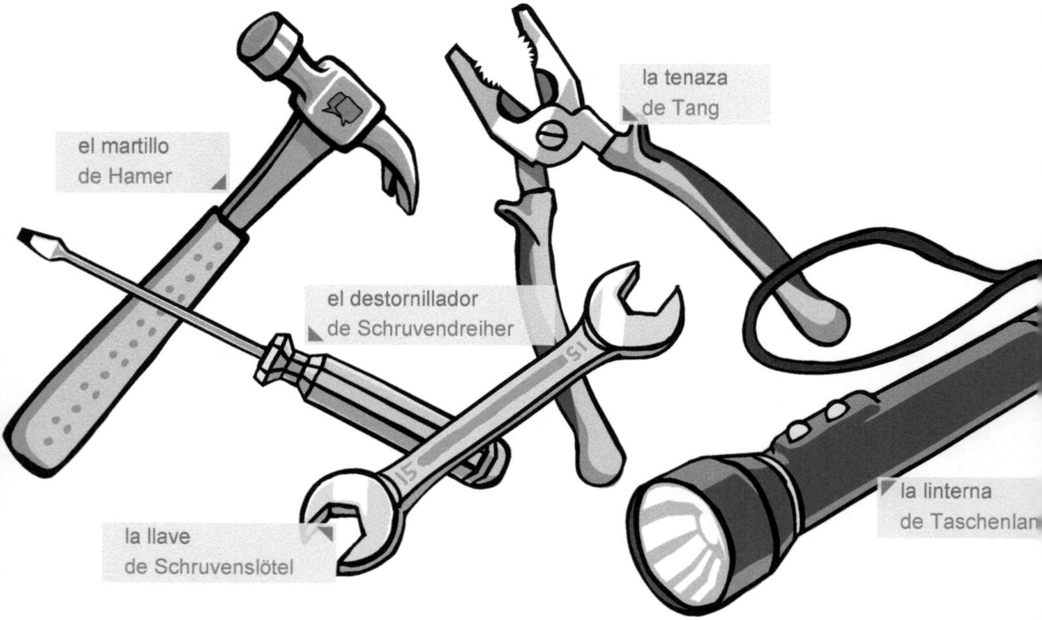

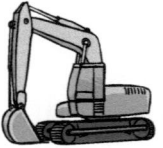

la excavadora

de Grieper

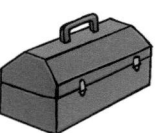

la caja de herramientas

de Warktüüchkassen

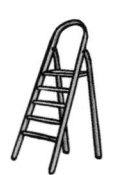

la escalera portátil

de Ledder

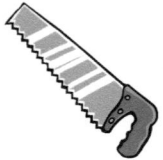

la sierra

de Saag

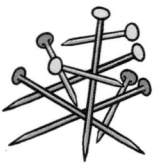

los clavos

de Nagels

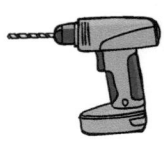

el taladro

de Bohrer

arreglar

heelmaken

la pala de jardín

de Schüffel

¡Qué bronca!

Schiet!

la pala de plástico

dat Kehrblick

el tacho de pintura

de Farvpott

los tornillos

de Schruven

los instrumentos musicales
de Musikinstrumenten

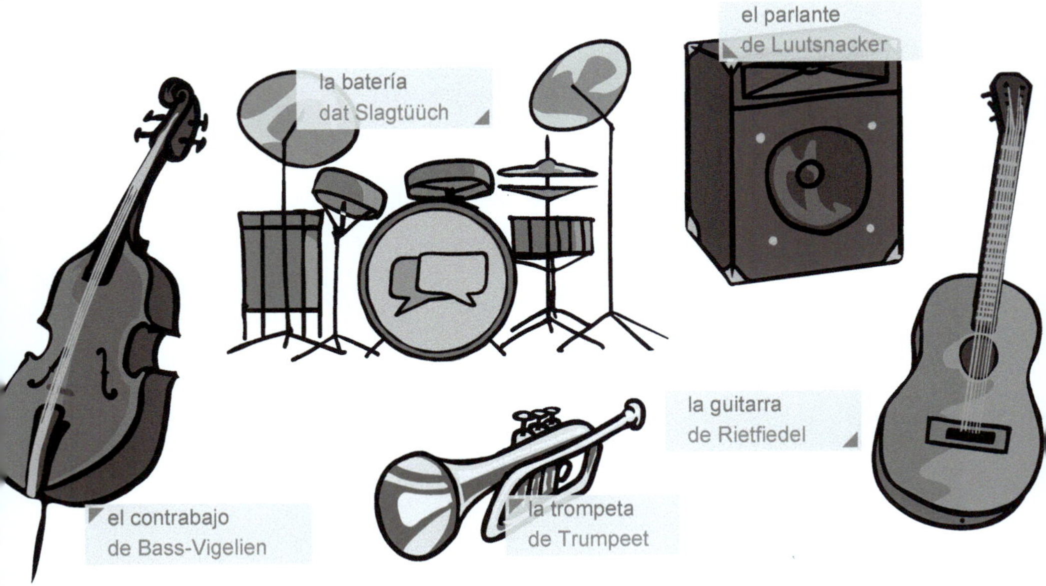

el parlante
de Luutsnacker

la batería
dat Slagtüüch

la guitarra
de Rietfiedel

el contrabajo
de Bass-Vigelien

la trompeta
de Trumpeet

el piano

dat Klaveer

el violín

de Vigelien

el bajo

de Bass

los timbales

de Pauk

el tambor

de Trummeln

el teclado

dat Keyboard

el saxofón

dat Saxophon

la flauta

de Fleut

el micrófono

dat Mikrofoon

el zoológico
de Deertenpark

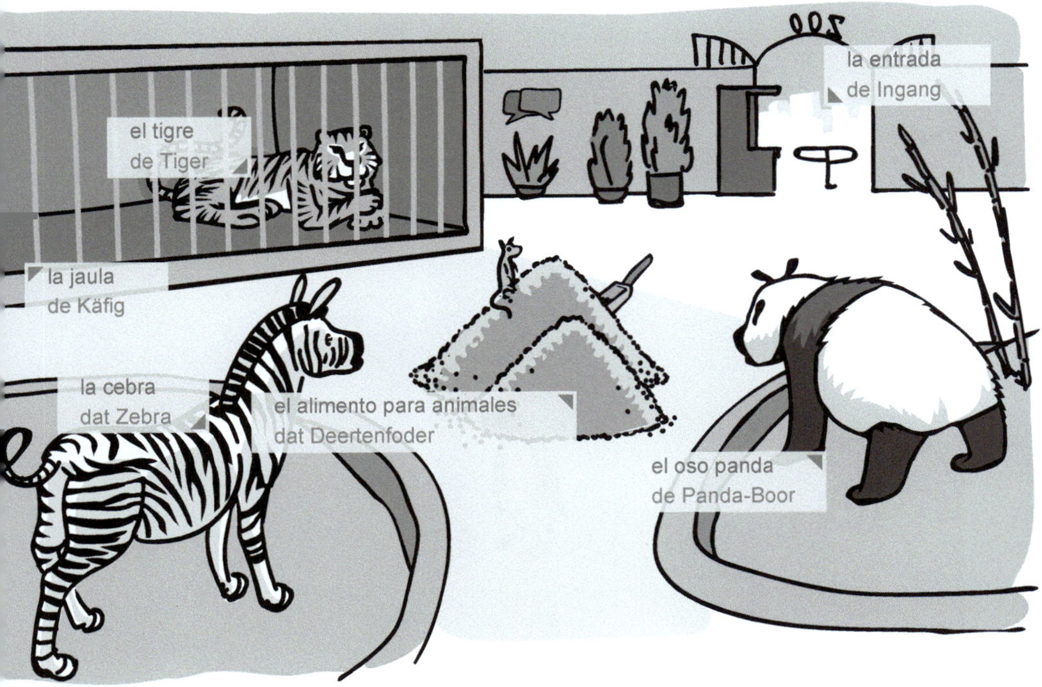

la entrada
de Ingang
el tigre
de Tiger
la jaula
de Käfig
la cebra
dat Zebra
el alimento para animales
dat Deertenfoder
el oso panda
de Panda-Boor

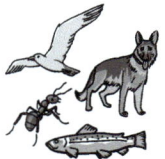

los animales

de Deerten

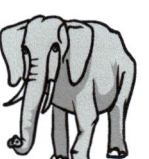

el elefante

de Elefant

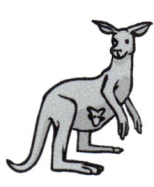

el canguro

dat Känguru

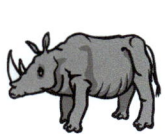

el rinoceronte

dat Neeshoorn

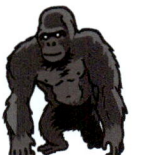

el gorila

de Gorilla

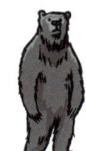

el oso

de Boor

el camello

dat Kameel

el avestruz

de Struuß

el león

de Lööv

el mono

de Aap

el flamenco

de Flamingo

el loro

de Papagoi

el oso polar

de Iesboor

el pingüino

de Pinguin

el tiburón

de Haifisch

el pavo real

de Pageluun

la serpiente

de Slang

el cocodrilo

dat Krokodil

el cuidador del zoológico

de Oppasser in'n
Deertenpark

la foca

de Saalhund

el jaguar

de Jaguor

el poni

dat Pony

el leopardo

de Leopard

el hipopótamo

dat Nilpeerd

la jirafa

de Giraff

el águila

de Aadler

el jabalí

dat Wildswien

el pescado

de Fisch

la tortuga

de Schildkrööt

la morsa

dat Walross

el zorro

de Voss

la gacela

de Gazell

los deportes
de Sport

el fútbol americano
de Amerikaansch Football

el ciclismo
dat Radfohren

el tenis
dat Tennis

el básquet
de Korfball

la natación
dat Swümmen

el boxeo
dat Boxen

el hockey sobre hielo
dat Ieshockey

el fútbol
de Football

el bádminton
dat Fedderball

el atletismo
de Leichtathletik

el handball
de Handball

el esquí
dat Skilopen

el polo
dat Polo

las actividades
de Aktivitäten

reír
lachen
saltar
springen
abrazar
ümarmen
caminar
gahn
cantar
singen
soñar
drömen
rezar
beden
besar
snuteln

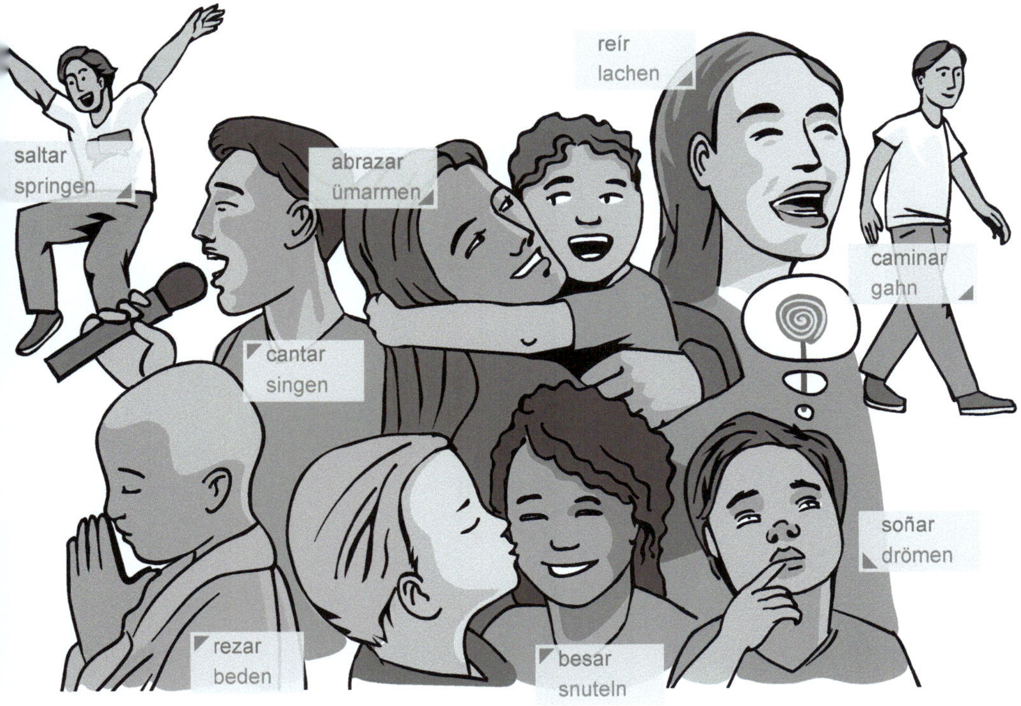

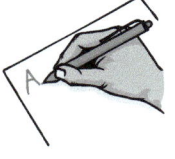

escribir

schrieven

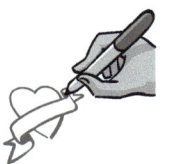

dibujar

teken

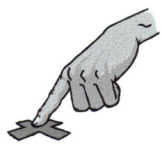

mostrar

wiesen

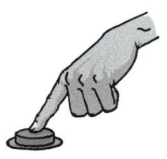

presionar

drücken

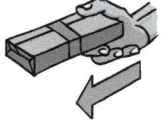

dar

geven

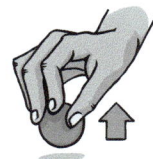

tomar

nehmen

tener

hebben

hacer

doon

ser

sien

estar parado

stahn

correr

lopen

tirar

trecken

tirar

smieten

caer

fallen

estar acostado

liggen

esperar

töven

llevar

dregen

estar sentado

sitten

vestirse

antrecken

dormir

slapen

despertar

opwaken

las actividades - de Aktivitäten

mirar

ankieken

llorar

wenen

acariciar

eien

peinar

kämmen

hablar

snacken

entender

verstahn

preguntar

fragen

escuchar

hören

beber

drinken

comer

eten

ordenar

oprümen

amar

leefhebben

cocinar

kaken

manejar

fohren

volar

flegen

navegar

segeln

calcular

reken

leer

lesen

aprender

lehren

trabajar

arbeiden

casarse

de Plünnen tohoopsmieten

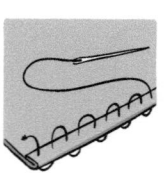

coser

neihen

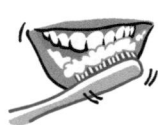

cepillarse los dientes

Tähnen putzen

matar

dootmaken

fumar

smöken

enviar

schicken

la familia
de Familje

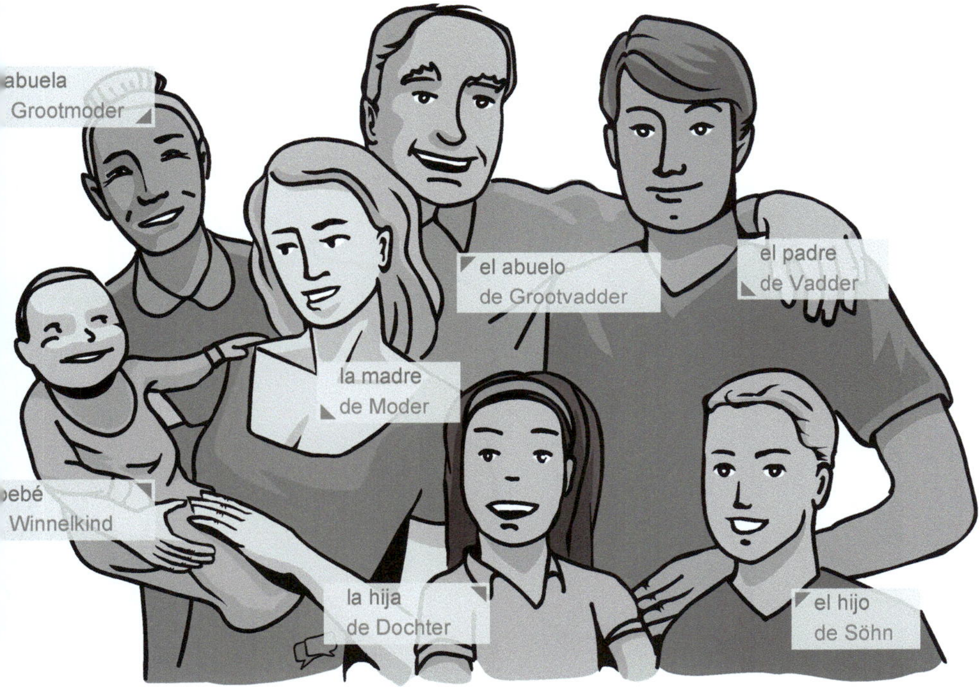

abuela
Grootmoder
el abuelo
de Grootvadder
el padre
de Vadder
la madre
de Moder
ebé
Winnelkind
la hija
de Dochter
el hijo
de Söhn

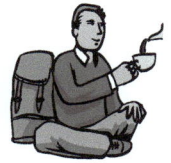

el invitado

de Gast

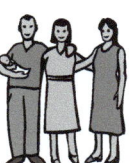

la tía

de Tant

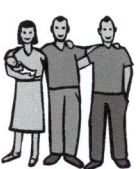

el tío

de Unkel

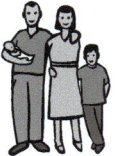

el hermano

de Broder

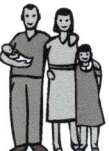

la hermana

de Süster

el cuerpo
de Lief

la frente
de Vörkopp
el ojo
dat Oog
el hombro
de Schuller
el dedo
de Finger
la cara
dat Gesicht
la pera
dat Kinn
la mano
de Hand
la pierna
dat Been
el pecho
de Bost
el brazo
de Arm

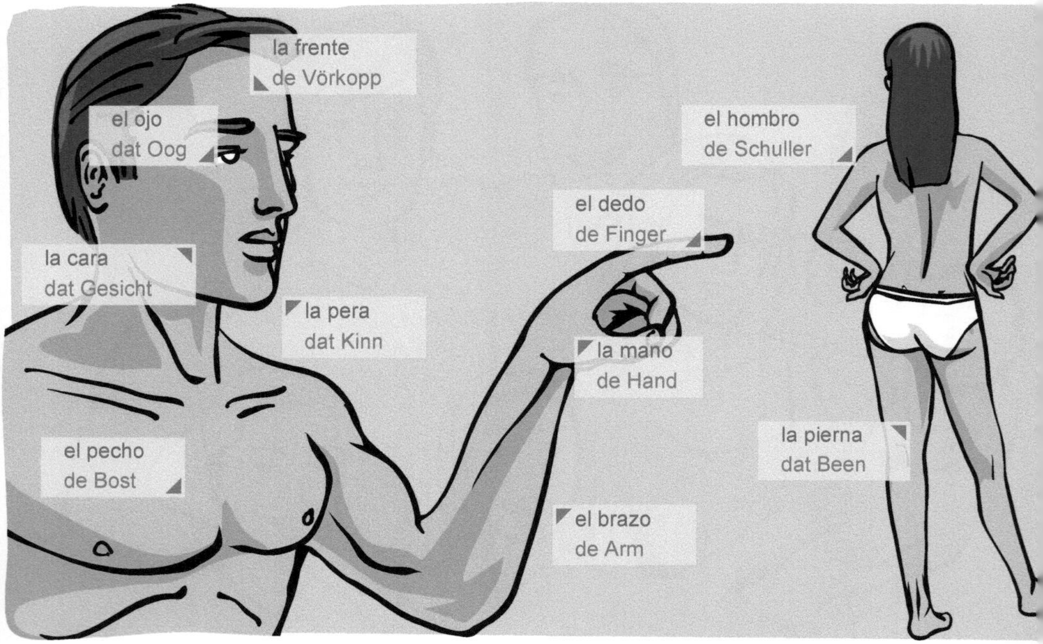

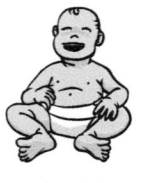

el bebé

dat Winnelkind

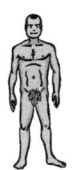

el hombre

de Mann

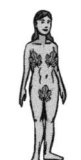

la mujer

de Fro

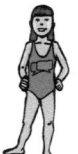

la nena

de Deern

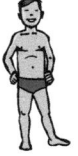

el nene

de Jung

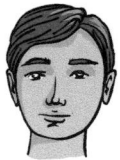

la cabeza

de Arm

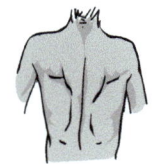

la espalda

de Rüch

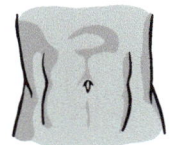

la panza

de Buuk

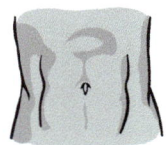

el ombligo

de Navel

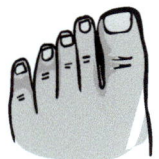

el dedo del pie

de Teh

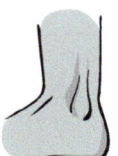

el talón

de Hack

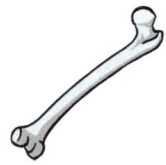

el hueso

de Knaken

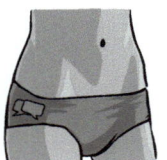

la cadera

de Hüft

la rodilla

dat Knee

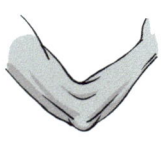

el codo

de Ellbagen

la nariz

de Nees

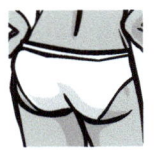

la cola

de Achtersen

la piel

de Huut

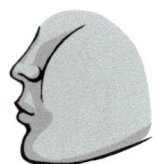

el cachete

de Back

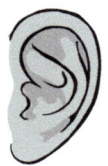

la oreja

dat Ohr

el labio

de Lipp

la boca

de Mund

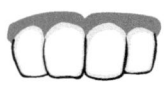

el diente

de Tähn

la lengua

de Tung

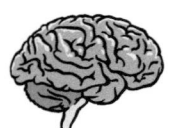

el cerebro

de Bregen

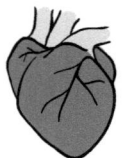

el corazón

dat Hart

el músculo

de Muskel

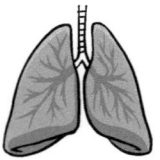

el pulmón

de Lung

el hígado

de Lever

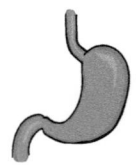

el estómago

de Maag

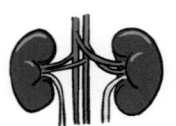

los riñones

de Neren

el sexo

de Bislaap

el preservativo

dat Kondoom

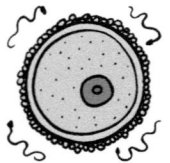

el óvulo

de Eizell

el semen

dat Sperma

el embarazo

de Anner Ümstänn

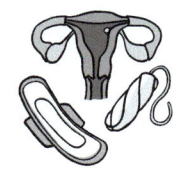

la menstruación

de Menstruatschoon

la vagina

de Scheed

el pene

de Pint

la ceja

de Ogenbroe

el pelo

dat Hoor

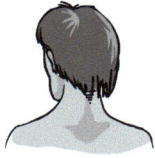

el cuello

de Hals

el hospital
dat Krankenhuus

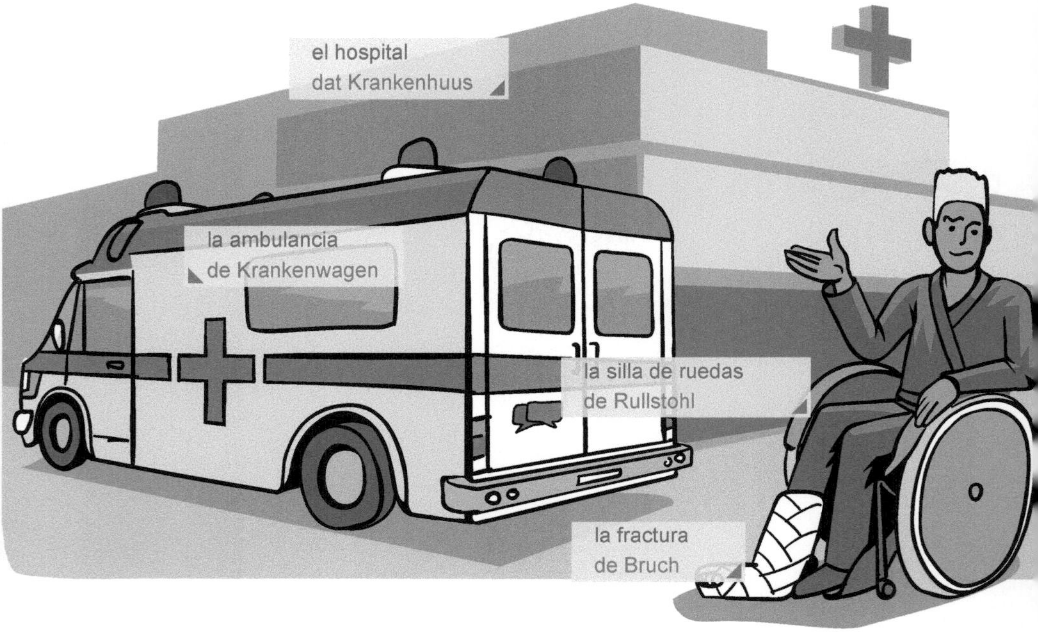

el hospital
dat Krankenhuus
la ambulancia
de Krankenwagen
la silla de ruedas
de Rullstohl
la fractura
de Bruch

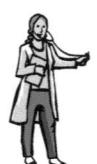

el médico

de Dokter

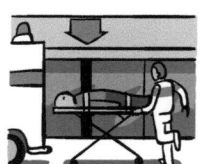

la sala de guardia

de Nootopnahm

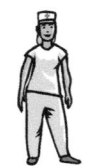

la enfermera

de Krankensüster

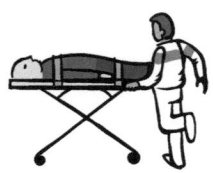

la emergencia

de Nootfall

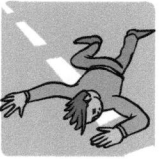

inconsciente

ahnmächtig

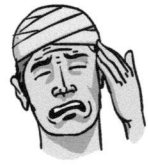

el dolor

de Wehdaag

la lesión

de Verwunnen

la hemorragia

de Blöden

el infarto

de Hartinfarkt

el ACV

de Slaganfall

la alergia

de Allergie

la tos

de Hoosten

la fiebre

dat Fever

la gripe

de Gripp

la diarrea

de Dörchfall

el dolor de cabeza

de Koppwehdaag

el cáncer

de Kreeft

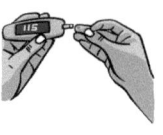

la diabetes

de Zuckersüük

el cirujano

de Chirurg

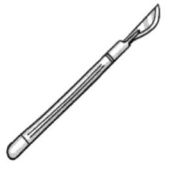

el bisturí

dat Chirurgsch Mess

la operación

de Operatschoon

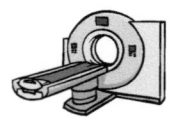

la TC

dat CT

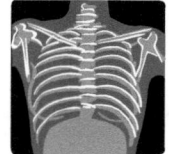

los rayos x

de Dörchlüchten

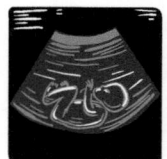

la ecografía

de Ultraschall

el barbijo

de Mask

la enfermedad

de Krankheit

la sala de espera

de Töövruum

la muleta

de Krück

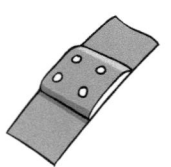

la curita

dat Plaaster

la venda

de Verband

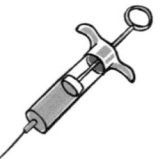

la inyección

de Insprütten

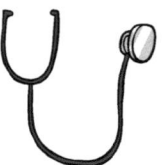

el estetoscopio

dat Stethoskop

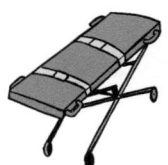

la camilla

de Draag

el termómetro

dat Feverthermometer

el nacimiento

de Geboort

el sobrepeso

dat Övergewicht

el audífono

de Höörapparat

el desinfectante

dat Kiemfriemiddel

la infección

de Ansteken

el virus

de Virus

el VIH / SIDA

dat HIV / AIDS

el remedio

dat Heelmiddel

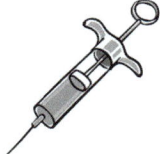

la vacunación

de Impen

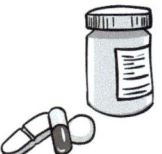

los comprimidos

de Tabletten

la pastilla anticonceptiva

de Pill

la llamada de emergencia

de Nootroop

el tensiómetro

de Blootdruck-Meter

enfermo / sano

krank / gesund

¡Ayuda!

Hölp!

la alarma

de Alarm

la agresión

de Överfall

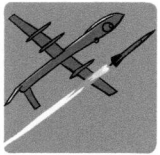

el ataque

de Angreep

el peligro

de Gefohr

la salida de emergencia

de Nootutgang

¡Fuego!

dat Füer!

el matafuego

de Füerlöscher

el accidente

de Unfall

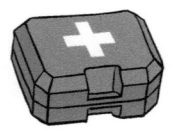

el botiquín de primeros auxilios

de Noothölpkoffer

el SOS

SOS

la policía

de Polizei

Europa

Europa

América del Norte

Noordamerika

América del Sur

Süüdamerika

África

Afrika

Asia

Asien

Australia

Australien

el Atlántico

de Atlantik

el Pacífico

de Pazifik

el Océano Índico

dat Indisch Weltmeer

el Océano Antártico

dat Antarktisch Weltmeer

el Océano Ártico

dat Arktisch Weltmeer

el polo norte

de Noordpol

el polo sur

de Süüdpol

la Antártida

de Antarktis

la Tierra

de Eerd

la tierra

dat Land

el mar

de See

la isla

dat Eiland

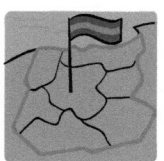

la nación

de Natschoon

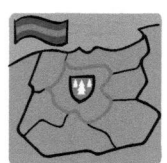

el estado

de Staat

la esfera

dat Tallenblatt

la manecilla de las horas

de Stunnenwieser

el minutero

de Minutenwieser

el segundero

de Sekunnenwieser

¿Qué hora es?

Wo laat is dat?

el día

de Dag

la hora

de Tiet

ahora

nu

el reloj digital

de digetaalsch Klock

el minuto

de Minuut

la hora

de Stunn

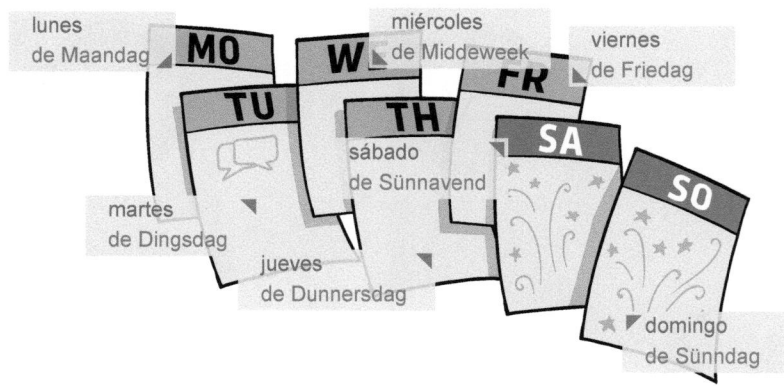

lunes
de Maandag

martes
de Dingsdag

miércoles
de Middeweek

jueves
de Dunnersdag

sábado
de Sünnavend

viernes
de Friedag

domingo
de Sünndag

ayer

güstern

hoy

hüüt

mañana

morgen

la mañana

de Morgen

el mediodía

de Meddag

la tarde

de Avend

los días hábiles

de Arbeitsdaag

el fin de semana

dat Wekenenn

el año

dat Johr

la lluvia
de Regen
el arco iris
de Regenbagen
la nieve
de Snee
el viento
de Wind
la primavera
dat Fröhjohr
el otoño
de Harvst
el verano
de Sommer
el invierno
de Winter

4.APRIL 11°
5.APRIL 4°
6.APRIL 13°
7.APRIL 8°
8.APRIL 10°

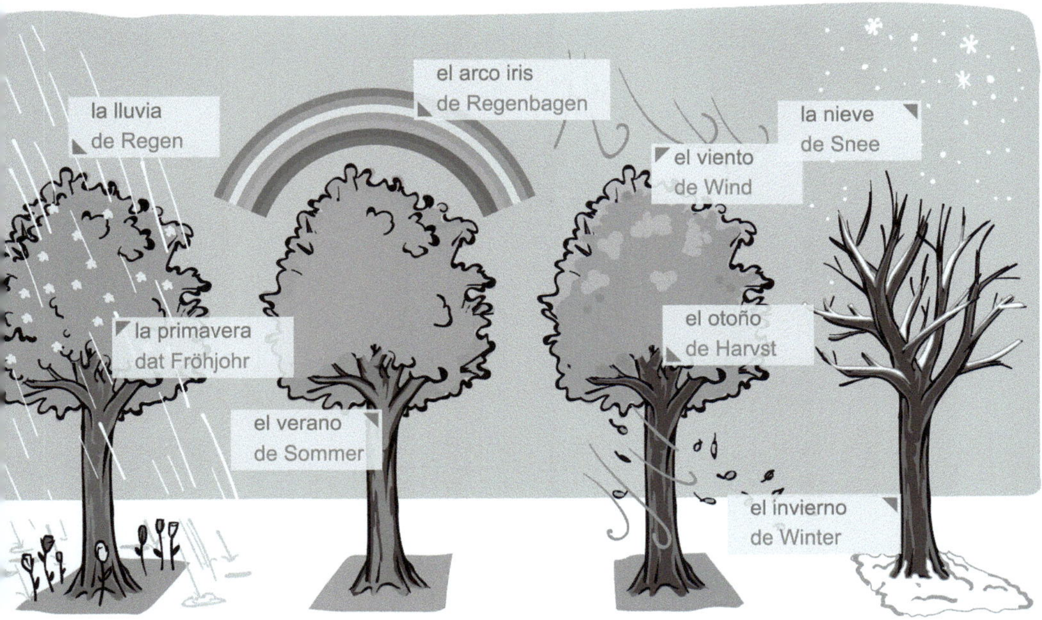

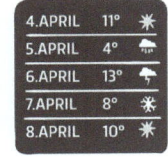

pronóstico meteorológico

de Wedervörhersaag

F C
120 90 60 30 0 -30
40 30 20 10 0 -10 -20

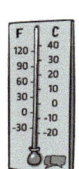

el termómetro

dat Thermometer

la luz del sol

de Sünnenschien

la nube

de Wulk

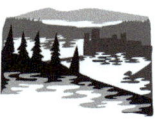

la niebla

de Nevel

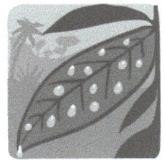

la humedad

de Luftfuchtigkeit

el rayo

de Blitz

el trueno

de Dunner

la tormenta

de Storm

el granizo

de Hagel

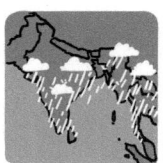

el monzón

de Monsun

la inundación

de Floot

el hielo

dat Ies

enero

de Januormaand

febrero

de Februormaand

marzo

de Martmaand

abril

de Aprilmaand

mayo

de Maimaand

junio

de Junimaand

julio

de Julimaand

agosto

de Augustmaand

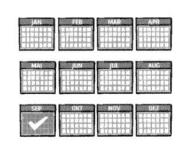

septiembre

de Septembermaand

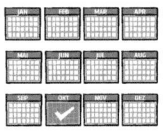

octubre

de Oktobermaand

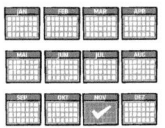

noviembre

de Novembermaand

diciembre

de Dezembermaand

las formas
de Formen

el círculo

de Krink

el cuadrado

dat Quadrat

el rectángulo

dat Rechteck

el triángulo

dat Dreeeck

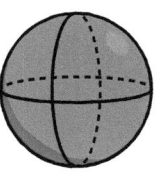

la esfera

de Kugel

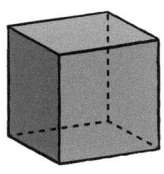

el cubo

de Wörpel

blanco

witt

amarillo

geel

naranja

orangsch

rosa

pink

rojo

root

violeta

lila

azul

blau

verde

gröön

marrón

bruun

gris

gries

negro

swart

mucho / poco

veel / wenig

enojado / tranquilo

böös / verdreeglich

lindo / feo

smuck / mies

el principio / el fin.

de Begünn / dat Enn

grande / chico

groot / lütt

claro / oscuro

hell / düüster

el hermano / la hermana

de Broder / de Süster

limpio / sucio

schier / schietig

completo / incompleto

kumpleet / nich kumpleet

el día / la noche

de Dag / de Nacht

muerto / vivo

doot / lebennig

ancho / angosto

breet / small

comestible / no comestible

geneetbor / nich geneetbor

malo / amable

böös / fründlich

entusiasmado / aburrido

fickerig / langwielt

gordo / flaco

dick / dünn

primero / último

toeerst / toletzt

el amigo / el enemigo

de Fründ / de Fiend

lleno / vacío

vull / leddig

duro / blando

hart / week

pesado / liviano

swoor / licht

el hambre / la sed

de Smacht / de Döst

enfermo / sano

krank / gesund

ilegal / legal

nich na't Recht / na't Recht

inteligente / estúpido

klook / dummerhaftig

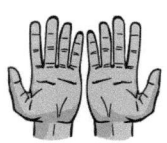

izquierda / derecha

linkerhand / rechterhand

cerca / lejos

neeg / feern

nuevo / usado

nieg / bruukt

nada / algo

nix / wat

viejo / joven

oolt / jung

encendido / apagado

an / ut

abierto / cerrado

apen / slaten

silencioso / ruidoso

lies / luut

rico / pobre

riek / arm

correcto / incorrecto

richtig / verkehrt

áspero / suave

ruug / glatt

triste / contento

trurig / glücklich

corto / largo

kort / lang

lento / rápido

suutje / flink

mojado / seco

natt / dröög

caliente / frío

warm / köhl

guerra / paz

de Krieg / de Freden

0

cero

null

1

uno

een

2

dos

twee

3

tres

dree

4

cuatro

veer

5

cinco

fief

6

seis

söss

7

siete

söven

8

ocho

acht

9

nueve

negen

10

diez

teihn

11

once

ölven

12

doce

twölf

13

trece

dörteihn

14

catorce

veerteihn

15

quince

föffteihn

16

dieciséis

sössteihn

17

diecisiete

söventeihn

18

dieciocho

achtteihn

19

diecinueve

negenteihn

20

veinte

twintig

100

cien

hunnert

1.000

mil

dusend

1.000.000

el millón

million

los idiomas

de Spraken

el inglés

dat Engelsch

el inglés americano

dat Amerikaansch Engelsch

el chino mandarín

dat Chineesch Mandarin

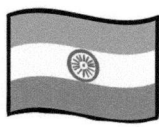

el hindi

dat Hindi

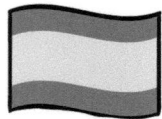

el español

dat Spaansch

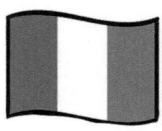

el francés

dat Franzöösch

el árabe

dat Araabsch

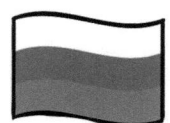

el ruso

dat Rusch

el portugués

dat Portugiesch

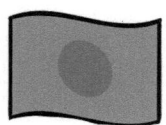

el bengalí

dat Bengaalsch

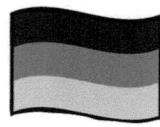

el alemán

dat Düütsch

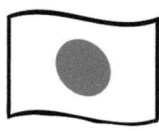

el japonés

dat Japaansch

yo

ik

vos

du

él / ella

he / se / dat

nosotros

wi

ustedes

ji

ellos

se

¿quién?

keen?

¿qué?

wat?

¿cómo?

woans?

¿dónde?

woneem?

¿cuándo?

wannehr?

el nombre

de Naam

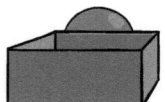

detrás

achter

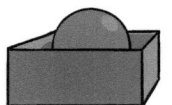

en

in

adelante de

vör

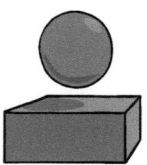

por encima de

över

sobre

op

debajo de

ünner

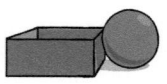

al lado de

blangen

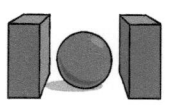

entre

twüschen

el lugar

de Oort